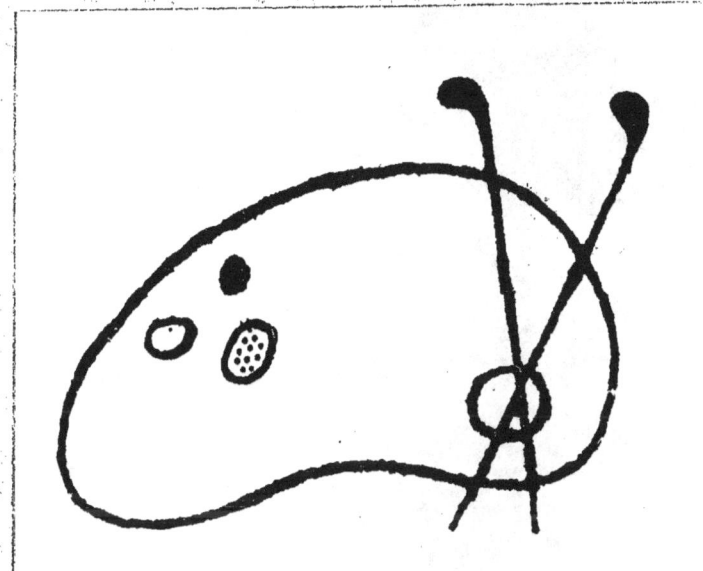

Début d'une série de documents en couleur

EDMOND ABOUT
LE ROI DES MONTAGNES

HACHETTE

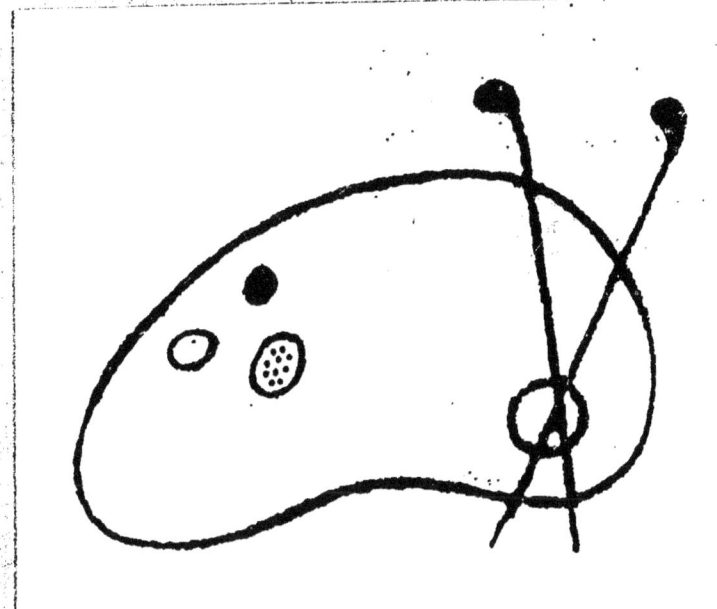

Fin d'une série de documents en couleur

LE ROI DES MONTAGNES

LE ROI DES
MONTAGNES

DANS LA MÊME COLLECTION

VOLUMES PARUS :

UN DRAME EN LIVONIE
    par Jules Verne
CONTES CHOISIS
    par Erckmann-Chatrian
HISTOIRE D'UN ANE ET DE DEUX JEUNES FILLES
    par P.-J. Stahl
LE CAPITAINE PAMPHILE
    par Alexandre Dumas
LE TRÉSOR DE MADELEINE
    par Pierre Maël
LA DISPARITION DU GRAND KRAUSE
    par Jules Girardin
CONTES CHOISIS
    par Alphonse Daudet
PENDRAGON
    par A. Assollant
LES QUATRE FILLES DU DOCTEUR MARSCH
    par P.-J. Stahl
ROBINSONS DE TERRE FERME
    par Mayne-Reid
L'ILE AU TRÉSOR
    par R.-L. Stevenson
LES FAUX DÉMÉTRIUS
    par Prosper Mérimée
RÉCITS HÉROIQUES
    par Jules Claretie
LA CAGNOTTE
    par Eug. Labiche
VOYAGE AU CENTRE DE LA TERRE
    par Jules Verne
LES CAHIERS DU CAPITAINE COIGNET
    par Lorédan-Larchey
REINE EN SABOTS
    par Gustave-Toudouze
LE MYSTÈRE DE LA CHAUVE-SOURIS
    par Gustave-Toudouze
LE CAPITAINE TRAFALGAR
    par André Laurie
IVANHOÉ
    par Walter Scott
LE CHANCELLOR
    par Jules Verne
LA CHASSE AU MÉTÉORE
    par Jules Verne
LES ROBINSONS DE LA SOMME
    par Eug. Thebault
EUGÉNIE GRANDET
    par H. de Balzac
LA MARMOTTE
    par Pierre Maël

BIBLIOTHÈQUE VERTE
NOUVELLE BIBLIOTHÈQUE D'ÉDUCATION ET DE RÉCRÉATION

LE ROI DES MONTAGNES

PAR EDMOND ABOUT

LIBRAIRIE HACHETTE

Copyright by Librairie HACHETTE, Paris, 1925. Tous droits de reproduction, de traduction et d'adaptation réservés pour tous pays.

LE ROI DES MONTAGNES

CHAPITRE PREMIER

M. HERMANN SCHULTZ

Le 3 juillet de cette année, vers six heures du matin, j'arrosais mes pétunias sans songer à mal, quand je vis entrer un grand jeune homme blond, imberbe, coiffé d'une casquette allemande et paré de lunettes d'or. Un ample paletot de lasting flottait mélancoliquement autour de sa personne, comme une voile le long d'un mât lorsque le vent vient à tomber. Il ne portait pas de gants; ses souliers de cuir écru reposaient sur de puissantes semelles, si larges, que le pied était entouré d'un petit trottoir. Dans sa poche de côté, vers la région du cœur, une grande pipe de porcelaine se modelait en relief et dessinait vaguement son profil sous l'étoffe luisante. Je ne songeai pas même à demander à cet inconnu s'il avait fait ses études dans les universités d'Allemagne; je déposai mon arrosoir, et je le saluai d'un beau : *Guten Morgen*.

« Monsieur, me dit-il en français, mais avec un accent déplorable, je m'appelle Hermann Schultz; je viens de passer quelques mois en Grèce, et votre livre a voyagé partout avec moi. »

Cet exorde pénétra mon cœur d'une douce joie; la voix de l'étranger me parut plus mélodieuse que la musique de Mozart, et je dirigeai vers ses lunettes d'or un regard étincelant de reconnaissance. Vous ne sauriez croire, ami lecteur, combien nous aimons ceux qui ont pris la peine de déchiffrer notre grimoire. Quant à moi, si j'ai jamais souhaité d'être riche, c'est pour assurer des rentes à tous ceux qui m'ont lu.

Je le pris par la main, cet excellent jeune homme. Je le fis asseoir sur le meilleur banc du jardin, car nous en avons deux. Il m'apprit qu'il était botaniste et qu'il avait une mission du Jardin des Plantes de Hambourg. Tout en complétant son herbier, il avait observé de son mieux le pays, les bêtes et les gens. Ses descriptions naïves, ses vues courtes mais justes, me rappelaient un peu la manière du bonhomme Hérodote. Il s'exprimait lourdement, mais avec une candeur qui imposait la confiance; il appuyait sur ses paroles du ton d'un homme profondément convaincu. Il put me donner des nouvelles, sinon de toute la ville d'Athènes, au moins des principaux personnages que j'ai nommés dans mon livre. Dans le cours de la conversation, il énonça quelques idées générales qui me parurent d'autant plus judicieuses que je les avais développées avant lui. Au bout d'une heure d'entretien, nous étions intimes.

Je ne sais lequel de nous deux prononça le premier le mot de brigandage. Les voyageurs qui ont couru l'Italie parlent peinture; ceux qui ont visité l'Angleterre parlent industrie : chaque pays a sa spécialité.

« Mon cher monsieur, demandai-je au précieux inconnu, avez-vous rencontré des brigands? Est-il vrai, comme on l'a prétendu, qu'il y ait encore des brigands en Grèce?

— Il n'est que trop vrai, répondit-il gravement. J'ai vécu quinze jours dans les mains du terrible Hadgi-Stavros, surnommé le *Roi des montagnes*; j'en puis donc parler par expérience. Si vous êtes de loisir, et qu'un long récit ne vous fasse pas peur, je suis prêt à vous donner les détails de mon aventure. Vous en ferez ce qu'il vous plaira : un roman, une nouvelle, ou plutôt (car c'est de l'histoire) un chapitre additionnel pour ce petit livre où vous avez entassé de si curieuses vérités.

— Vous êtes vraiment trop bon, lui dis-je, et mes deux oreilles sont à vos ordres. Entrons dans mon cabinet de travail. Nous y aurons moins chaud qu'au jardin, et cependant l'odeur des résédas et des pois musqués arrivera jusqu'à nous. »

Il me suivit de fort bonne grâce, et tout en marchant il fredonnait en grec un chant populaire :

Un Clephte aux yeux noirs descend dans les plaines;
Son fusil doré sonne à chaque pas;
Il dit aux vautours : « Ne me quittez pas,
Je vous servirai le pacha d'Athènes! »

Il s'établit sur un divan, replia ses jambes sous lui, comme les conteurs arabes, ôta son paletot pour se mettre au frais, alluma sa pipe et commença le récit de son histoire. J'étais à mon bureau, et je sténographiais sous sa dictée.

J'ai toujours été sans défiance, surtout avec ceux qui me font des compliments. Toutefois l'aimable étranger me contait des choses si surprenantes, que je me demandai à plusieurs reprises s'il ne se moquait pas de moi. Mais sa parole était si assurée, ses yeux bleus m'envoyaient un regard si limpide, que mes éclairs de scepticisme s'éteignaient au même instant.

Il parla, sans désemparer, jusqu'à midi et demi. S'il s'interrompit deux ou trois fois, ce fut pour rallumer sa pipe. Il fumait régulièrement, par bouffées égales, comme la cheminée d'une machine à vapeur. Chaque fois qu'il m'arrivait de jeter les yeux sur lui, je le voyais tranquille et souriant, au milieu d'un nuage, comme Jupiter au cinquième acte d'*Amphitryon*.

On vint nous annoncer que le déjeuner était servi. Hermann s'assit en face de moi, et les légers soupçons qui me trottaient par la tête ne tinrent pas devant son appétit. Je me disais qu'un bon estomac accompagne rarement une mauvaise conscience. Le jeune Allemand était trop bon convive pour être narrateur infidèle, et sa voracité me répondait de sa véracité. Frappé de cette idée, je confessai, en lui offrant des fraises, que j'avais douté un instant de sa bonne foi. Il me répondit par un sourire angélique.

Je passai la journée en tête-à-tête avec mon nouvel ami, et je ne me plaignis pas de la lenteur du temps. A cinq heures du soir, il éteignit sa pipe, endossa son paletot, et me serra la main en me disant adieu. Je lui répondis :

« Au revoir !

— Non pas, reprit-il en secouant la tête : je

pars aujourd'hui par le train de sept heures, et je n'ose espérer de vous revoir jamais.

— Laissez-moi votre adresse. Je n'ai pas encore renoncé aux plaisirs du voyage, et je passerai peut-être par Hambourg.

— Malheureusement, je ne sais pas moi-même où je planterai ma tente. L'Allemagne est vaste; il n'est pas dit que je resterai citoyen de Hambourg.

— Mais, si je publie votre histoire, au moins faut-il que je puisse vous en envoyer un exemplaire.

— Ne prenez pas cette peine. Sitôt que le livre aura paru, il sera contrefait à Leipzig, chez Wolfgang Gerhard, et je le lirai. Adieu. »

Lui parti, je relus attentivement le récit qu'il m'avait dicté; j'y trouvai quelques détails invraisemblables, mais rien qui contredît formellement ce que j'avais vu et entendu pendant mon séjour en Grèce.

Cependant, au moment de donner le manuscrit à l'impression, un scrupule me retint : s'il s'était glissé quelques erreurs dans la narration d'Hermann! En ma qualité d'éditeur, n'étais-je pas un peu responsable? Publier sans contrôle l'histoire du Roi des montagnes, n'était-ce pas m'exposer aux réprimandes paternelles du *Journal des Débats*, aux démentis des gazetiers d'Athènes, et aux grossièretés du *Spectateur de l'Orient?* Cette feuille clairvoyante a déjà inventé que j'étais bossu : fallait-il lui fournir une occasion de m'appeler aveugle?

Dans ces perplexités, je pris le parti de faire deux copies du manuscrit. J'envoyai la première à un homme digne de foi, un Grec d'Athènes,

M. Patriotis Pseftis. Je le priai de me signaler, sans ménagement et avec une sincérité grecque, toutes les erreurs de mon jeune ami, et je lui promis d'imprimer sa réponse à la fin du volume.

En attendant, je livre à la curiosité publique le texte même du récit d'Hermann. Je n'y changerai pas un mot, je respecterai jusqu'aux plus énormes invraisemblances. Si je me faisais le correcteur du jeune Allemand, je deviendrais, par le fait, son collaborateur. Je me retire discrètement; je lui cède la place et la parole; mon épingle est hors du jeu : c'est Hermann qui vous parle en fumant sa pipe de porcelaine et en souriant derrière ses lunettes d'or.

CHAPITRE II
PHOTINI

Vous devinez, à l'âge de mes habits, que je n'ai pas dix mille francs de rente. Mon père est un aubergiste ruiné par les chemins de fer. Il mange du pain dans les bonnes années, et des pommes de terre dans les mauvaises. Ajoutez que nous sommes six enfants, tous bien endentés. Le jour où j'obtins au concours une mission du Jardin des Plantes, il y eut fête dans la famille. Non seulement mon départ augmentait la pitance de chacun de mes frères, mais encore j'allais toucher deux cent cinquante francs par mois, plus cinq cents francs, une fois payés, pour frais de voyage. C'était une fortune. Dès ce moment, on perdit l'habitude de m'appeler *le docteur*. On m'appela le marchand de bœufs, tant je paraissais riche ! Mes frères comptaient bien qu'on me nommerait professeur à l'université dès mon retour d'Athènes. Mon père avait une autre idée : il espérait que je reviendrais marié. En sa qualité d'aubergiste, il avait assisté à quelques romans, et il était convaincu que les belles aventures ne se rencontrent que sur les grands chemins. Il citait, au moins trois fois par semaine, le mariage de la princesse Ypsoft et du lieutenant Reynauld. La princesse occupait l'appartement n° 1, avec ses deux femmes de chambre et son courrier, et elle donnait vingt florins par jour. Le lieutenant français était perché au 17, sous les toits, et il payait un florin et demi, nourriture comprise; et cependant, après un mois de séjour dans l'hôtel, il était parti en chaise avec la dame russe. Or, pourquoi une princesse emmènerait-elle un lieutenant dans sa voiture, sinon pour l'épouser? Mon pauvre père, avec ses yeux de père, me voyait plus beau et plus élégant que le lieutenant Reynauld; il ne doutait point que je ne rencontrasse tôt ou tard la princesse qui devait nous enrichir. Si je ne la trouvais pas à table d'hôte, je la verrais en chemin de fer; si les chemins de fer ne m'étaient pas propices, nous avions encore les bateaux à vapeur. Le soir de mon départ, on but une vieille bouteille de vin du Rhin, et le hasard voulut que la dernière goutte vînt tomber dans mon verre. L'excellent homme en pleura de joie : c'était un présage certain, et rien ne pouvait m'empêcher de me marier dans l'année. Je respectai ses illusions, et je me gardai de lui dire que les princesses ne voyageaient pas en troisième classe. Quant au gîte, mon budget me condamnait à choisir des auberges modestes, où les princesses ne logent pas. Le fait est que je débarquai au Pirée sans avoir ébauché le plus petit roman.

L'armée d'occupation avait fait renchérir toutes choses dans Athènes. L'hôtel d'Angleterre, l'hôtel d'Orient, l'hôtel des Etrangers, étaient inabordables. Le chancelier de la légation de Prusse, à qui j'avais porté une lettre de recommandation, fut assez aimable pour me chercher un logement. Il me conduisit chez un pâtissier appelé Christodule, au coin de la rue d'Hermès et de la place du Palais. Je trouvai là le vivre et le couvert moyennant cent francs par mois. Christodule est un vieux pallicare, décoré de la croix de Fer, en mémoire de la guerre de l'Indépendance. Il est lieutenant de la phalange, et il touche sa solde derrière son comptoir. Il porte le costume national le bonnet rouge à gland bleu, la veste d'argent, la jupe blanche et les guêtres dorées, pour vendre des glaces et des gâteaux. Sa femme, Maroula, est énorme, comme toutes les Grecques de cinquante ans passés. Son mari l'a achetée quatre-vingts piastres, au plus fort de la guerre, dans un temps où ce sexe coûtait assez cher. Elle est née dans l'île d'Hydra, mais elle s'habille à la mode d'Athènes : veste de velours noir, jupe de couleur claire, un foulard natté dans les cheveux. Ni Christodule ni sa femme ne savent un mot d'allemand; mais leur fils Dimitri, qui est domestique de place, et qui s'habille à la française, comprend et parle un peu tous les patois de l'Europe. Au demeurant, je n'avais pas besoin d'interprète. Sans avoir reçu le don des langues, je suis un polyglotte assez distingué, et j'écorche le grec aussi couramment que l'anglais, l'italien et le français.

Mes hôtes étaient de braves gens; il s'en rencontre plus de trois dans la ville. Ils me donnèrent une petite chambre blanchie à la chaux, une table de bois blanc, deux chaises de paille, un bon matelas bien mince, une couverture et des draps de coton. Un bois de lit est une superfluité dont les Grecs se privent aisément, et nous vivions à la grecque. Je déjeunais d'une tasse de salep, je dînais d'un plat de viande avec beaucoup d'olives et de poisson sec; je soupais de légumes, de miel et de gâteaux. Les confitures n'étaient pas rares dans la maison, et, de temps en temps, j'évoquais le souvenir de mon pays, en me régalant d'un gigot d'agneau aux confitures. Inutile de vous dire que j'avais ma pipe, et que le tabac d'Athènes est meilleur que le vôtre. Ce qui contribua surtout à m'acclimater dans la maison de Christodule, c'est un petit vin de Santorin, qu'il allait chercher je ne sais où. Je ne suis pas gourmet, et l'éducation de mon palais a été malheureusement un peu négligée; cependant je crois pouvoir affirmer que ce vin-là serait apprécié à la table d'un roi : il est jaune comme l'or, transparent comme la topaze, éclatant comme le soleil, joyeux comme le sourire d'un enfant. Je crois le voir encore dans sa carafe au large ventre, au milieu de la toile cirée qui nous servait de nappe. Il éclairait la table, mon cher monsieur, et nous aurions pu souper sans autre lumière. Je n'en buvais jamais beaucoup, parce qu'il était capiteux; et pourtant, à la fin du repas, je citais des vers d'Anacréon et je découvrais des restes de beauté sur la face lunaire de la grosse Maroula.

Je mangeais en famille avec Christodule et les pensionnaires de la maison. Nous étions quatre internes et un externe. Le premier étage se divisait en quatre chambres, dont la meilleure était occupée par un archéologue français, M. Hippolyte Mérinay. Si tous les Français ressemblaient à celui-là, vous feriez une assez piètre nation. C'était un petit monsieur de dix-huit à quarante-cinq ans, très roux, très doux, parlant beaucoup, et armé de deux mains tièdes et moites qui ne lâchaient pas son interlocuteur. Ses deux passions dominantes étaient l'archéologie et la philanthropie : aussi était-il membre de plusieurs sociétés savantes et de plusieurs confréries bienfaisantes. Quoiqu'il fût grand apôtre de charité, et que ses parents lui eussent laissé un beau revenu, je ne me souviens pas l'avoir vu donner un sou à un pauvre. Quant à ses connaissances en archéologie, tout me porte à croire qu'elles étaient plus sérieuses que son amour pour l'humanité. Il avait été couronné par je ne sais quelle académie de province, pour un mémoire sur le prix du papier au temps d'Orphée. Encouragé par ce premier succès, il avait fait le voyage de Grèce pour recueillir les matériaux d'un travail plus important : il ne s'agissait de rien moins que de déterminer la quantité d'huile consommée par la lampe de Démosthène pendant qu'il écrivait la seconde *Philippique*.

Mes deux autres voisins n'étaient pas si savants, à beaucoup près, et les choses d'autrefois ne les souciaient guère. Giacomo Fondi était un pauvre Maltais employé à je ne sais plus quel consulat; il gagnait cent cinquante francs par mois à cacheter des lettres. Je m'imagine que tout autre emploi lui aurait mieux convenu. La nature, qui a peuplé l'île de Malte pour que l'Orient ne manquât jamais de portefaix, avait donné au pauvre Fondi les épaules, les bras et les mains de Milon de Crotone : il était né pour manier la massue, et non pour brûler des bâtons de cire à cacheter. Il en usait cependant deux ou trois par jour : l'homme n'est pas maître de sa destinée. Cet insulaire déclassé ne rentrait dans son élément qu'à l'heure du repas; il aidait Maroula à mettre la table, et vous devinez, sans que je le dise, qu'il apportait toujours la table à bras tendu. Il mangeait comme un capitaine de l'*Iliade*, et je n'oublierai jamais le craquement de ses larges mâchoires, la dilatation de ses narines, l'éclat de ses yeux, la blancheur de ses trente-deux dents, meules formidables dont il était le moulin. Je dois avouer que sa conversation m'a laissé peu de souvenirs : on trouvait aisément la limite de son intelligence, mais on n'a jamais connu les bornes de son appétit. Christodule n'a rien gagné à l'héberger pendant quatre ans, quoiqu'il lui fît payer dix francs par mois pour supplémeent de nourriture. L'insatiable Maltais absorbait tous les jours, après dîner, un énorme plat de noisettes, qu'il cassait entre ses doigts par le simple rapprochement du pouce et de l'index. Christodule, ancien héros, mais homme positif, suivait cet exercice avec un mélange d'admiration et d'effroi; il tremblait pour son dessert, et cependant il était flatté de voir à sa table un si prodigieux casse-noisette. La figure de Giacomo n'aurait pas été déplacée dans une de ces boîtes à surprise qui font tant de peur aux petits enfants. Il était plus blanc qu'un nègre; mais c'est une question de nuance. Ses cheveux épais descendaient jusque sur les sourcils, comme une casquette. Par un contraste assez bizarre, ce Caliban avait le pied le plus mignon, la cheville la plus fine, la jambe la mieux prise et la plus élégante qu'on pût offrir à l'étude d'un statuaire; mais ce sont des détails qui ne nous frappaient guère. Pour quiconque l'avait vu manger, sa personne commençait au niveau de la table; le reste ne comptait plus.

Je ne parle que pour mémoire du petit William Lobster. C'était un ange de vingt ans, blond, rose et joufflu, mais un ange des États-Unis d'Amérique. La maison Lobster et Sons, de New-York, l'avait envoyé en Orient pour étudier le commerce d'exportation. Il travaillait dans la journée chez les frères Philip; le soir, il lisait Emerson; le matin, à l'heure étincelante où le soleil se lève, il allait à la maison de Socrate tirer le pistolet.

Le personnage le plus intéressant de notre colonie était sans contredit John Harris, l'oncle maternel du petit Lobster. La première fois que j'ai dîné avec cet étrange garçon, j'ai compris l'Amérique. John est né à Vandalia, dans l'Illinois. Il a respiré en naissant cet air du nouveau monde, si vivace, si pétillant et si jeune, qu'il porte à la tête comme le vin de Champagne, et qu'on se grise à le respirer. Je ne sais pas si la famille Harris est riche ou pauvre, si elle a mis son fils au collège ou si elle l'a laissé faire son éducation lui-même. Ce qui est certain, c'est qu'à vingt-sept ans il ne compte que sur soi, ne s'attend qu'à soi, ne s'étonne de rien, ne croit rien impossible, ne recule jamais, croit tout, espère tout, essaye de tout, triomphe de tout, se relève s'il tombe, recommence s'il échoue, ne s'arrête jamais, ne perd jamais courage, et va droit devant lui en sifflant sa chanson. Il a été cultivateur, maître d'école, homme de loi, journaliste, chercheur d'or, industriel, commerçant; il a tout lu, tout vu, tout pratiqué et parcouru plus de la moitié du globe. Quand je fis sa connaissance, il commandait au Pirée un aviso à vapeur, soixante hommes et quatre canons; il traitait la question d'Orient dans la *Revue de Boston*; il faisait des affaires avec une maison d'indigo à Calcutta, et il trouvait le temps de venir trois ou quatre fois par semaine dîner avec son neveu Lobster et avec nous.

Un seul trait entre mille vous peindra le caractère de Harris. En 1853, il était l'associé d'une maison de Philadelphie. Son neveu, qui avait alors dix-sept ans, va lui faire une visite. Il le trouve sur la place Washington, debout, les mains dans les poches, devant une maison qui brûle. William lui frappe sur l'épaule; il se retourne.

« C'est toi? dit-il. Bonjour, Bill; tu arrives mal, mon enfant. Voici un incendie qui me ruine; j'avais quarante mille dollars dans la maison; nous ne sauverons pas une allumette.

— Que vas-tu faire? demanda l'enfant atterré.

— Ce que je vais faire? Il est onze heures, j'ai faim, il me reste un peu d'or dans mon gousset; je vais t'offrir à déjeuner ! »

Harris est un des hommes les plus sveltes et les plus élégants que j'aie jamais rencontrés. Il a l'air mâle, le front haut, l'œil limpide et fier. Ces Américains ne sont jamais ni chétifs ni difformes; et savez-vous pourquoi? C'est qu'ils n'étouffent pas dans les langes d'une civilisation étroite. Leur esprit et leur corps se développent à l'aise; ils ont pour école le grand air, pour maître l'exercice, pour nourrice la liberté.

Je n'ai jamais pu faire grand cas de M. Mérinay; j'examinais Giacomo Fondi avec la curiosité indifférente qu'on apporte dans une ménagerie d'animaux exotiques; le petit Lobster m'inspirait un intérêt médiocre; mais j'avais de l'amitié pour Harris. Sa figure ouverte, ses manières simples, sa rudesse qui n'excluait pas la douceur, son caractère emporté et cependant chevaleresque, les bizarreries de son humeur, la fougue de ses sentiments, tout cela m'attirait d'autant plus vivement que je ne suis ni fougueux ni passionné : nous aimons autour de nous ce que nous ne trouvons pas en nous. J'adore les Américains parce que je suis Allemand.

Pour ce qui est des Grecs, je les connaissais fort peu après quatre mois de séjour en Grèce. Rien n'est plus facile que de vivre dans Athènes sans se frotter aux naturels du pays. Je n'allais pas au café, je ne lisais ni la *Pandore*, ni la *Minerve*, ni aucun journal du cru; je ne fréquentais pas le théâtre, parce que j'ai l'oreille délicate et qu'une fausse note m'offense plus cruellement qu'un coup de poing : je vivais à la maison avec mes hôtes, mon herbier et John Harris. J'aurais pu me faire présenter au palais, grâce à mon passeport diplomatique et à mon titre officiel. J'avais remis ma carte chez le maître des cérémonies et chez la grande maîtresse, et je pouvais compter sur une invitation au premier bal de la cour. Je tenais en réserve pour cette circonstance un bel habit rouge brodé d'argent que ma tante Rosenthaler m'avait apporté la veille de mon départ. C'était l'uniforme de feu son mari, préparateur d'histoire naturelle à l'Institut philomathique de Minden. Ma bonne tante, femme de grand sens, savait qu'un uniforme est bien reçu dans tout pays, surtout lorsqu'il est rouge. Mon frère aîné fit observer que j'étais plus grand que mon oncle, et que les manches de son habit n'arrivaient pas tout à fait au bout de mes bras; mais papa répliqua vivement que la broderie d'argent éblouirait tout le monde, et que les princesses n'y regarderaient pas de si près.

Malheureusement la cour ne dansa pas de toute la saison. Les plaisirs de la vie furent la floraison des amandiers et des citronniers. On parlait vaguement d'un grand bal pour le 15 mai; c'était un bruit de ville, accrédité par quelques journaux semi-officiels; mais il n'y fallait pas compter.

Mes études marchaient comme mes plaisirs, au petit pas. Je connaissais à fond le jardin botanique d'Athènes, qui n'est ni très beau ni très riche; c'est un sac qu'on a bientôt vidé. Le jardin royal offrait plus de ressources : un Français intelligent y a rassemblé toutes les richesses végétales du pays, depuis les palmiers des îles jusqu'aux saxifrages du cap Sunium. J'ai passé là de bonnes journées au milieu des plantations de M. Bareaud. Le jardin n'est public qu'à certaines heures; mais je parlais grec aux sentinelles, et pour l'amour du grec on me laissait entrer. M. Bareaud ne s'ennuyait pas avec moi; il me promenait partout pour le plaisir de parler botanique et de parler français. En son absence, j'allais chercher un grand jardinier maigre, aux cheveux écarlates, et je le questionnais en allemand; il est bon d'être polyglotte.

J'herborisais tous les jours un peu dans la campagne, mais jamais aussi loin que je l'aurais voulu : les brigands campaient autour d'Athènes. Je ne suis pas poltron, et la suite de ce récit vous le prouvera, mais je tiens à la vie. C'est un présent que j'ai reçu de mes parents; je veux le conserver le plus longtemps possible, en souvenir de mon père et de ma mère. Au mois d'avril 1856, il était dangereux de sortir de la ville; il y avait même de l'imprudence à y demeurer. Je ne m'aventurais pas sur le versant du Lycabète sans penser à cette pauvre Mme X... qui y fut dévalisée en plein midi. Les collines de Daphné me rappelaient la captivité de deux officiers français. Sur la route du Pirée, je songeais involontairement à cette bande de voleurs qui se promenait en six fiacres comme une noce, et qui fusillait les passants à travers les portières. Le chemin du Pentélique me rappelait l'arrestation de la duchesse de Plaisance ou l'histoire toute récente de Harris et de Lobster. Ils revenaient de la promenade sur deux chevaux persans appartenant à Harris : ils tombent dans une embuscade. Deux brigands, le pistolet au poing, les arrêtent au milieu d'un pont. Ils regardent autour d'eux et voient à leurs pieds, dans le ravin, une douzaine de coquins armés jusqu'aux dents qui gardaient cinquante ou soixante prisonniers. Tout ce qui avait passé par là depuis le lever du soleil avait été dépouillé, puis garrotté, pour que personne ne courût donner l'alarme. Harris était sans armes comme son neveu. Il lui dit en anglais : « Jetons notre argent; on ne se fait pas tuer pour vingt dollars. » Les brigands ramassent les écus sans quitter la bride des chevaux; puis ils montrent le ravin et font signe qu'il y faut descendre. Pour le coup, Harris perd patience : il lui répugne d'être lié; il n'est pas du bois dont on fait les fagots. Il jette un regard au petit Lobster, et au même instant deux coups de poing parallèles s'abattent comme deux boulets ramés sur la tête des deux brigands. L'adversaire de William roule à la renverse en déchargeant son pistolet; celui de Harris, lancé plus rudement, passe par-dessus le parapet et va tomber au milieu de ses camarades. Harris et Lobster étaient déjà loin, éventrant leurs montures à coup d'éperons. La bande se lève comme un seul homme et fait feu de toutes ses armes. Les chevaux sont tués, les cavaliers se dégagent, jouent des jambes et viennent avertir la gendarmerie, qui se mit en route le surlendemain de bon matin.

Notre excellent Christodule apprit avec un vrai chagrin la mort des deux chevaux; mais il ne trouva pas une parole de blâme pour les meurtriers. « Que voulez-vous ? disait-il avec une charmante bonhomie : c'est leur état. » Tous les Grecs sont un peu de l'avis de notre hôte. Ce n'est pas que les brigands épargnent leurs compatriotes et réservent leurs rigueurs pour les étrangers ; mais un Grec dépouillé par ses frères se dit, avec une certaine résignation, que son argent ne sort pas de la famille. La population se voit piller par les brigands comme une femme du peuple se sent battre par son mari, en admirant comme il frappe bien. Les moralistes indigènes se plaignent de tous les excès commis dans la campagne comme un père déplore les fredaines de son fils. On le gronde tout haut, on l'aime tout bas ; on serait bien fâché qu'il ressemblât au fils du voisin, qui n'a jamais fait parler de lui.

C'est un fait tellement vrai, qu'à l'époque de mon arrivée le héros d'Athènes était précisément le fléau de l'Attique. Dans les salons et dans les cafés, chez les barbiers où se réunit le petit peuple, chez les pharmaciens où s'assemble la bourgeoisie, dans les rues bourbeuses du bazar, au carrefour poudreux de la Belle-Grèce, au théâtre, à la musique du dimanche et sur la route de Patissia, on ne parlait que du grand Hadgi-Stavros, on ne jurait que par Hadgi-Stavros ; Hadgi-Stavros l'invincible, Hadgi-Stavros l'effroi des gendarmes ; Hadgi-Stavros le roi des montagnes ! On aurait pu faire (Dieu me pardonne !) les litanies d'Hadgi-Stavros.

Un dimanche que John Harris dînait avec nous, c'était peu de temps après son aventure, je mis le bon Christodule sur le chapitre d'Hadgi-Stavros. Notre hôte l'avait beaucoup fréquenté autrefois, pendant la guerre de l'indépendance, dans un temps où le brigandage était moins discuté qu'aujourd'hui.

Il vida son verre de vin de Santorin, lustra sa moustache grise et commença un long récit entrecoupé de quelques soupirs. Il nous apprit que Stavros était le fils d'un papas ou prêtre de l'île de Tino. Il naquit Dieu sait en quelle année : les Grecs du bon temps ne connaissent pas leur âge, car les registres de l'état civil sont une invention de la décadence. Son père, qui le destinait à l'Eglise, lui fit apprendre à lire. Vers l'âge de vingt ans, il fit le voyage de Jérusalem et ajouta à son nom le titre de Hadgi, qui veut dire pèlerin. Hadgi-Stavros, en rentrant au pays, fut pris par un pirate. Le vainqueur lui trouva des dispositions, et de prisonnier le fit matelot. C'est ainsi qu'il commença à guerroyer contre les navires turcs, et généralement contre tous ceux qui n'avaient pas de canons à bord. Au bout de quelques années de service, il s'ennuya de travailler pour les autres et résolut de s'établir à son compte. Il n'avait ni bateau, ni argent pour en acheter un; force lui fut d'exercer la piraterie à terre. Le soulèvement des Grecs contre la Turquie lui permit de pêcher en eau trouble. Il ne sut jamais bien exactement s'il était brigand ou insurgé, ni s'il commandait à des voleurs ou à des partisans. Sa haine pour les Turcs ne l'aveuglait pas à ce point qu'il passât près d'un village grec sans le voir et le fouiller. Tout argent lui était bon, qu'il vînt des amis ou des ennemis, du vol simple ou du glorieux pillage. Une si sage impartialité augmenta rapidement sa fortune. Les bergers accoururent sous son drapeau, lorsqu'on sut qu'il y avait gros à gagner avec lui : sa réputation lui fit une armée. Les puissances protectrices de l'insurrection eurent connaissance de ses exploits, mais non de ses économies; en ce temps-là on voyait tout en beau. Lord Byron lui dédia une ode, les poètes et les rhéteurs de Paris le comparèrent à Epaminondas et même à ce pauvre Aristide. On broda pour lui des drapeaux au faubourg Saint-Germain; on lui envoya des subsides. Il reçut de l'argent de France, il en reçut d'Angleterre et de Russie; je ne voudrais pas jurer qu'il n'en a jamais reçu de Turquie : c'était un vrai pallicare ! A la fin de la guerre, il se vit assiégé, avec les autres chefs, dans l'Acropole d'Athènes. Il logeait aux Propylées, entre Margaritis et Lygandas, et chacun d'eux gardait ses trésors au chevet de son lit. Par une belle nuit d'été, le toit tomba si adroitement qu'il écrasa tout le monde, excepté Hadgi-Stavros, qui fumait son narghilé au grand air. Il recueillit l'héritage de ses compagnons, et chacun pensa qu'il l'avait bien gagné. Mais un malheur qu'il ne prévoyait pas vint arrêter le cours de ses succès : la paix se fit. Hadgi-Stavros, retiré à la campagne avec son argent, assistait à un étrange spectacle. Les puissances qui avaient mis la Grèce en liberté essayaient de fonder un royaume. Des mots malsonnants venaient bourdonner autour des oreilles velues du vieux pallicare; on parlait de gouvernement, d'armée, d'ordre public. On le fit bien rire en lui annonçant que ses propriétés étaient comprises dans une sous-préfecture. Mais lorsque l'employé du fisc se présenta chez lui pour toucher les impôts de l'année, il devint sérieux. Il jeta le percepteur à la porte, non sans l'avoir soulagé de tout l'argent qu'il avait sur lui. La justice lui chercha querelle : il reprit le chemin des montagnes. Aussi bien, il s'ennuyait dans sa maison. Il comprenait jusqu'à un certain point qu'on eût un toit, mais à condition de dormir dessus.

Ses anciens compagnons d'armes étaient dispersés par tout le royaume. L'Etat leur avait donné des terres; ils les cultivaient en rechignant, et mangeaient du bout des dents le pain amer du travail. Lorsqu'ils apprirent que le chef était brouillé avec la loi, ils vendirent leurs champs et coururent le rejoindre. Quant à lui, il se contenta d'affermer ses biens : il a des qualités d'administrateur.

La paix et l'oisiveté l'avaient rendu malade. L'air des montagnes le ragaillardit si bien, qu'en 1840 il songea au mariage. Il avait assurément passé la cinquantaine, mais les hommes de cette trempe n'ont rien à démêler avec la vieillesse; la mort même y regarde à deux fois avant de les entreprendre. Il épousa une riche héritière, d'une des meilleures familles de Laconie, et devint ainsi l'allié des plus grands personnages du royaume. Sa femme le suivit partout, lui donna une fille, prit les fièvres et mourut. Il éleva son enfant lui-même, avec des soins presque maternels. Lorsqu'il faisait sauter la petite sur ses genoux, les brigands ses compagnons lui disaient en riant : « Il ne te manque que du lait. »

L'amour paternel donna un nouveau ressort à son esprit. Pour amasser à sa fille une dot royale, il étudia la question d'argent, sur laquelle il avait eu des idées trop primitives. Au lieu d'entasser ses écus dans des coffres, il les plaça. Il apprit les tours et les détours de la spéculation; il suivit le cours des fonds publics en Grèce et à l'étranger.

On prétend même que, frappé des avantages de la commandite, il eut l'idée de mettre le brigandage en actions. Il a fait plusieurs voyages en Europe, sous la conduite d'un Grec de Marseille qui lui servait d'interprète. Pendant son séjour en Angleterre, il assista à une élection dans je ne sais quel bourg pourri du Yorkshire : ce beau spectacle lui inspira des réflexions profondes sur le gouvernement constitutionnel et ses profits. Il revint décidé à exploiter les institutions de sa patrie et à s'en faire un revenu. Il brûla bon nombre de villages pour le service de l'opposition; il en détruisit quelques autres dans l'intérêt du parti conservateur. Lorsqu'on voulait renverser un ministère, on n'avait qu'à s'adresser à lui : il prouvait par des arguments irréfutables que la police était mal faite et qu'on n'obtiendrait un peu de sécurité qu'en changeant le cabinet. Mais en revanche il donna de rudes leçons aux ennemis de l'ordre en les punissant par où ils avaient péché. Ses talents politiques se firent si bien connaître, que tous les partis le tenaient en haute estime. Ses conseils en matière d'élection étaient presque toujours suivis; si bien que, contrairement au principe du gouvernement représentatif, qui veut qu'un seul député exprime la volonté de plusieurs hommes, il était représenté, lui seul, par une trentaine de députés. Un ministre intelligent, le célèbre Rhalettis, s'avisa qu'un homme qui touchait si souvent aux ressorts du gouvernement finirait peut-être par déranger la machine. Il entreprit de lui lier les mains par un fil d'or. Il lui donna rendez-vous à Carvati, entre l'Hymette et le Pentélique, dans la maison de campagne d'un consul étranger. Hadgi-Stravros y vint, sans escorte et sans armes. Le ministre et le brigand, qui se connaissaient de longue date, déjeunèrent ensemble comme deux vieux amis. Au dessert, Rhalettis lui offrit amnistie pleine et entière pour lui et les siens, un brevet de général de division, le titre de sénateur et dix mille hectares de forêts en toute propriété. Le pallicare hésita quelque temps, et finit par répondre non. « J'aurais peut-être accepté il y a vingt ans, dit-il, mais aujourd'hui je suis trop vieux. Je ne peux pas, à mon âge, changer ma manière de vivre. La poussière d'Athènes ne me vaut rien; je dormirais au sénat, et si tu me donnais des soldats à commander, je serais capable de décharger mes pistolets sur leurs uniformes, par la force de l'habitude. Retourne donc à tes affaires et laisse-moi vaquer aux miennes. »

Rhalettis ne se tint pas pour battu. Il essaya d'éclairer le brigand sur l'infamie du métier qu'il exerçait. Hadgi-Stavros se mit à rire et lui dit avec une aimable cordialité :

« Compère! le jour où nous écrirons nos péchés, lequel de nous deux aura la liste la plus longue?

— Songe enfin, ajouta le ministre, que tu ne saurais échapper à ta destinée : tu mourras un jour ou l'autre de mort violente.

— Allah Kerim ! répondit-il en turc. Ni toi ni moi n'avons lu dans les étoiles. Mais j'ai du moins un avantage : c'est que mes ennemis portent un uniforme et je les reconnais de loin. Tu ne peux pas en dire autant des tiens. Adieu, frère. »

Six mois après, le ministre mourut assassiné par ses ennemis politiques; le brigand vit encore.

Notre hôte ne nous raconta pas tous les exploits de son héros : la journée n'y aurait pas suffi. Il se contenta d'énumérer les plus remarquables. Je ne crois pas qu'en aucun pays les émules d'Hadgi-Stavros aient jamais rien fait de plus artistique que l'arrestation du *Niebuhr*. C'est un vapeur du Lloyd autrichien que le pallicare a dévalisé à terre, sur les onze heures du matin. Le *Niebuhr* venait de Constantinople : il déposa sa cargaison et ses passagers à Calamaki, à l'orient de l'isthme de Corinthe. Quatre fourgons et deux omnibus prirent les passagers et les marchandises pour les transporter de l'autre côté de l'isthme, au petit port de Loutraki, où un autre bateau les attendait. Il attendit longtemps. Hadgi-Stavros, en plein jour, sur une belle route, en pays plat et déboisé, enleva les marchandises, les bagages, l'argent des voyageurs et les munitions des gendarmes qui escortaient le convoi. « Ce fut une journée de deux cent cinquante mille francs ! » nous dit Christodule avec une nuance d'envie.

On a beaucoup parlé des cruautés d'Hadgi-Stavros. Son ami Christodule nous prouva qu'il ne faisait pas le mal par plaisir. C'est un homme sobre et qui ne s'enivre de rien, pas même de sang. S'il lui arrive de chauffer un peu trop fort les pieds d'un riche paysan, c'est pour savoir où le ladre a caché ses écus. En général il traite avec douceur les prisonniers dont il espère une rançon. Dans l'été de 1854, il descendit un soir avec sa bande chez un gros marchand de l'île d'Eubée, M. Voïdi. Il trouva la famille assemblée, plus un vieux juge au tribunal de Chalcis, qui faisait sa partie de cartes avec le maître de la maison. Hadgi-Stavros offrit au magistrat de lui jouer sa liberté : il perdit et s'exécuta de bonne grâce. Il emmena M. Voïdi, sa fille et son fils : il laissa la femme, pour qu'elle pût s'occuper de la rançon.

Le jour de l'enlèvement, le marchand avait la goutte, sa fille avait la fièvre, le petit garçon était pâle et boursouflé. Ils revinrent deux mois après tous guéris par l'exercice, le grand air et les bons traitements. Toute une famille recouvra la santé pour cinquante mille francs : était-ce payé trop cher?

« Je confesse, ajouta Christodule, que notre ami est sans pitié pour les mauvais payeurs. Lorsqu'une rançon n'est pas soldée à l'échéance, il tue ses prisonniers avec une exactitude commerciale : c'est sa façon de protester les billets. Quelle que soit mon admiration pour lui et l'amitié qui unit nos deux familles, je ne lui ai pas encore pardonné le meurtre des deux petites filles de Mistra. C'étaient deux jumelles de quatorze ans, jolies comme deux petites statues de marbre, fiancées à des jeunes gens de Léondari. Elles se ressemblaient si exactement, qu'en les voyant ensemble on croyait y voir double et l'on se frottait les yeux. Un matin, elles allaient vendre des cocons à la filature; elles portaient ensemble un grand panier, et elles couraient légèrement sur la route comme deux colombes attelées au même char. Hadgi-Stavros les emmena dans la montagne et écrivit à leur mère qu'il les rendrait pour dix mille francs, payables à la fin du mois. La mère était une veuve aisée, propriétaire de beaux mûriers, mais pauvre d'argent comptant, comme nous sommes tous. Elle emprunta sur ses biens, ce qui n'est jamais facile, même à vingt pour cent d'intérêt. Il lui fallut six semaines et plus pour réunir la somme. Lorsqu'elle eut enfin l'argent, elle le chargea sur un mulet et partit à pied pour le camp d'Hadgi-Stavros. Mais en entrant dans la grande *langada* du Taygète, à l'endroit où l'on trouve sept fontaines sous un platane, le mulet qui marchait devant s'arrêta net et refusa de faire un pas. Alors la pauvre mère vit sur le bord du chemin ses petites filles. Elles avaient le cou coupé jusqu'à l'os, et ces jolies têtes ne tenaient presque plus au corps. Elle prit les deux pauvres créatures, les chargea elle-même sur le mulet et les ramena à Mistra. Elle ne put jamais pleurer : aussi elle devint folle et mourut. Je sais qu'Hadgi-Stavros a regretté ce qu'il avait fait : il croyait que la veuve était plus riche et qu'elle ne voulait pas payer. Il avait tué les deux enfants pour l'exemple. Il est certain que depuis ce temps-là ses recouvrements se sont toujours bien faits, et que personne n'a plus osé le faire attendre.

« *Brutta carogna!* cria Giacomo en frappant un coup qui ébranla la maison comme un tremblement de terre. Si jamais il me tombe sous la main, je lui servirai une rançon de dix mille coups de poing qui lui permettra de se retirer des affaires.

— Moi, dit le petit Lobster avec son sourire tranquille, je ne demande qu'à le rencontrer à cinquante pas de mon revolver. Et vous, oncle John? »

Harris sifflait entre ses dents un petit air américain, aigu comme une lame de stylet.

« En croirai-je mes oreilles? ajouta de sa voix flûtée le bon M. Mérinay, mortel harmonieux. Est-il possible que de telles horreurs se commettent dans un siècle comme le nôtre? Je sais bien que la *Société pour la moralisation des malfaiteurs* n'a pas encore établi de succursales dans ce royaume; mais en attendant n'avez-vous pas une gendarmerie?

— Certainement, reprit Christodule : 50 officiers, 152 brigadiers et 1250 gendarmes, dont 150 à cheval. C'est la meilleure troupe du royaume, après celle d'Hadgi-Stavros.

— Ce qui m'étonne, dis-je à mon tour, c'est que la fille du vieux coquin l'ait laissé faire.

— Elle n'est pas avec lui.

— A la bonne heure! Où est-elle?

— En pension.

— A Athènes?

— Vous m'en demandez trop : je n'en sais pas si long. Toujours est-il que celui qui l'épousera fera un beau mariage.

— Oui, dit Harris. On assure également que la fille de Calcraft n'est pas un mauvais parti.

— Qu'est-ce que Calcraft?

— Le bourreau de Londres. »

A ces mots Dimitri, le fils de Christodule, rougit jusqu'aux oreilles. « Pardon, monsieur, dit-il à John Harris, il y a grande différence entre un bourreau et un brigand. Le métier de bourreau est infâme; la profession de brigand est honorée. Le gouvernement est obligé de garder le bourreau d'Athènes au fort Palamède, sans quoi il serait assassiné; tandis que personne ne veut de mal à Hadgi-Stravros, et que les plus honnêtes gens du royaume seraient fiers de lui donner la main. »

Harris ouvrait la bouche pour répliquer, lorsque la sonnette de la boutique retentit. C'était la servante qui rentrait avec une jeune fille de quinze à seize ans, habillée comme la dernière gravure du *Journal des modes*. Dimitri se leva en disant : « C'est Photini! »

« Messieurs, dit le pâtissier, parlons d'autre chose, s'il vous plaît. Les histoires de brigands ne sont pas faites pour les demoiselles. »

Christodule nous présenta Photini comme la fille d'un de ses compagnons d'armes, le colonel Jean, commandant de place à Nauplie. Elle s'appelait donc Photini fille de Jean, suivant l'usage du pays, où il n'y a pas, à proprement parler, de noms de famille.

La jeune Athénienne était laide, comme les neuf dixièmes des filles d'Athènes. Elle avait de jolies dents et de beaux cheveux, mais c'était tout. Sa taille épaisse semblait mal à l'aise dans un corset de Paris. Ses pieds arrondis en forme de fers à repasser devaient souffrir le supplice : ils étaient faits pour se traîner dans des babouches, et non pour se serrer dans des bottines de Meyer. Sa face rappelait si peu le type grec, qu'elle manquait absolument de profil; elle était plate comme si une nourrice imprudente avait commis la faute de s'asseoir sur la figure de l'enfant. La toilette ne va pas à toutes les femmes : elle donnait presque un ridicule à la pauvre Photini. Sa robe à volants, soulevée par une puissante crinoline, faisait ressortir la gaucherie de sa personne et la maladresse de ses mouvements. Les bijoux du Palais-Royal, dont elle était émaillée, semblaient autant de points d'exclamation destinés à signaler les imperfections de son corps. Vous auriez dit une grosse et courte servante qui s'est endimanchée dans la garde-robe de sa maîtresse.

Aucun de nous ne s'étonna que la fille d'un simple colonel fût si chèrement habillée pour passer son dimanche dans la maison d'un pâtissier. Nous connaissions assez le pays pour savoir que la toilette est la plaie la plus incurable de la société grecque. Les filles de la campagne font percer des pièces d'argent, les cousent ensemble en forme de casque, et s'en coiffent aux jours de gala. Elles portent leur dot sur la tête. Les filles de la ville la dépensent chez les marchands, et la portent sur tout le corps.

Photini était en pension à l'Hétairie. C'est, comme vous savez, une maison d'éducation établie sur le modèle de la Légion d'honneur, mais régie par des lois plus larges et plus tolérantes. On y élève non seulement les filles des soldats, mais quelquefois aussi les héritières des brigands.

La fille du colonel Jean savait un peu de français et d'anglais; mais sa timidité ne lui permettait pas de briller dans la conversation. J'ai su plus tard que sa famille comptait sur nous pour la perfectionner dans les langues étrangères. Son père, ayant appris que Christodule hébergeait des Européens honnêtes et instruits, avait prié le pâtissier de la faire sortir tous les dimanches et de lui servir de correspondant. Ce marché paraissait agréer à Christodule, et surtout à son fils Dimitri. Le jeune domestique de place dévorait des yeux la pauvre pensionnaire, qui ne s'en apercevait pas.

Nous avions fait le projet d'aller tous ensemble à la musique. C'est un beau spectacle, que les Athéniens se donnent à eux-mêmes tous les dimanches. Le peuple entier se rend, en grands atours, dans un champ de poussière, pour entendre des valses et des quadrilles joués par une musique de régiment. La cour n'y manquerait pas pour un empire. Après le dernier quadrille, chacun retourne chez soi, l'habit poudreux, le cœur content, et l'on dit : « Nous nous sommes bien amusés. »

Il est certain que Photini comptait se montrer à la musique, et son admirateur Dimitri n'était pas fâché d'y paraître avec elle; car il portait une redingote neuve qu'il avait achetée toute faite au dépôt de *la Belle Jardinière*. Malheureusement la pluie se mit à tomber si dru, qu'il fallut rester à la maison. Pour tuer le temps, Maroula nous offrit de jouer des bonbons : c'est un divertissement à la mode dans la société moyenne. Elle prit un bocal dans la boutique, et distribua à chacun de nous une poignée de bonbons indigènes, au girofle, à l'anis, au poivre et à la chicorée. Là-dessus, on donna des cartes, et le premier qui savait en rassembler neuf de la même couleur recevait trois dragées de chacun de ses adversaires. Le Maltais Giacomo témoigna par son attention soutenue que le gain ne lui était pas indifférent. Le hasard se déclara pour lui : il fit une fortune, et nous le vîmes engloutir sept ou huit poignées de bonbons qui s'étaient promenés dans les mains de tout le monde et de M. Mérinay.

Moi, qui prenais moins d'intérêt à la partie, je concentrai mon attention sur un phénomène curieux qui se produisait à ma gauche. Tandis que les regards du jeune Athénien venaient se briser un à un contre l'indifférence de Photini, Harris, qui ne la regardait pas, l'attirait à lui par une force invisible. Il tenait ses cartes d'un air passablement distrait, bâillait de temps en temps avec une candeur américaine, ou sifflait *Yankee Doodle*, sans respect pour la compagnie. Je crois que le récit de Christodule l'avait frappé, et que son esprit trottait dans la montagne à la poursuite d'Hadgi-Stavros. Dans tous les cas, s'il pensait à quelque chose, ce n'était assurément pas à l'amour. Peut-être la jeune fille n'y songeait-elle pas non plus, car les femmes grecques ont presque toutes au fond du cœur un bon pavé d'indifférence. Cependant elle regardait mon ami John comme une alouette regarde un miroir. Elle ne le connaissait pas; elle ne savait rien de lui, ni son nom, ni son pays, ni sa fortune. Elle ne l'avait point entendu parler, et quand même elle l'aurait entendu, elle n'était certainement pas apte à juger s'il avait de l'esprit. Elle le voyait très beau, et c'était assez. Les Grecs d'autrefois adoraient la beauté; c'est le seul de leurs dieux qui n'ait jamais eu d'athées. Les Grecs d'aujourd'hui, malgré la décadence, savent encore distinguer un Apollon d'un magot. On trouve dans le recueil de M. Fauriel une petite chanson qui peut se traduire ainsi :

« Jeunes garçons, voulez-vous savoir; jeunes filles, voulez-vous apprendre comment l'amour entre chez nous? Il entre par les yeux, des yeux il descend dans le cœur, et dans le cœur il prend racine.

Décidément Photini savait la chanson; car elle ouvrait de grands yeux pour que l'amour pût y entrer sans se baisser.

La pluie ne se lassait pas de tomber, ni Dimitri de lorgner la jeune fille, ni la jeune fille de regarder Harris, ni Giacomo de croquer des bonbons, ni M. Mérinay de raconter au petit Lobster un chapitre d'histoire ancienne, qu'il n'écoutait pas. A huit heures, Maroula mit le couvert pour le souper. Photini fut placée entre Dimitri et moi, qui ne tirais pas à conséquence. Elle causa peu et ne mangea rien. Au dessert, quand la servante parla de la reconduire, elle fit un effort visible et me dit à l'oreille :

« M. Harris est-il marié ? »

Je pris plaisir à l'embarrasser un peu, et je répondis :

« Oui, mademoiselle ; il a épousé la veuve des doges de Venise.

— Est-il possible ! Quel âge a-t-elle ?

— Elle est vieille comme le monde, et éternelle comme lui.

— Ne vous moquez pas de moi ; je suis une pauvre fille, et je ne comprends pas vos plaisanteries d'Europe.

— En d'autres termes, mademoiselle, il a épousé la mer ; c'est lui qui commande le stationnaire américain *the Fancy*. »

Elle me remercia avec un tel rayonnement de joie, que sa laideur en fut éclipsée et que je la trouvai jolie pendant une seconde au moins.

CHAPITRE III
MARY-ANN

Les études de ma jeunesse ont développé en moi une passion qui a fini par empiéter sur toutes les autres : c'est le désir de savoir, ou, si vous aimez mieux l'appeler autrement, la curiosité. Jusqu'au jour où je partis pour Athènes, mon seul plaisir avait été d'apprendre; mon seul chagrin, d'ignorer. J'aimais la science comme une maîtresse, et personne n'était encore venu lui disputer mon cœur. En revanche, il faut convenir que je n'étais pas tendre, et que la poésie et Hermann Schultz entraient rarement par la même porte. Je me promenais dans le monde comme dans un vaste muséum, la loupe à la main. J'observais les plaisirs et les souffrances d'autrui comme des faits dignes d'étude, mais indignes d'envie ou de pitié. Je ne jalousais pas plus un heureux ménage qu'un couple de palmiers mariés par le vent; j'avais juste autant de compassion pour un cœur déchiré par l'amour que pour un géranium grillé par la gelée. Quand on a disséqué des animaux vivants, on n'est plus guère sensible aux cris de la chair palpitante. J'aurais été bon public dans un combat de gladiateurs.

L'amour de Photini pour John Harris eût apitoyé tout autre qu'un naturaliste. La pauvre créature aimait à tort et à travers, suivant la belle expression d'Henri IV; et il était évident qu'elle aimerait en pure perte. Elle était trop timide pour laisser percer son amour, et John était trop brouillon pour le deviner. Quand même il se serait aperçu de quelque chose, le moyen d'espérer qu'il s'intéresserait à une laideron naïve des bords de l'Ilissus? Photini passa quatre autres journées avec lui, les quatre dimanches d'avril. Elle le regarda, du matin au soir, avec des yeux languissants et désespérés; mais elle ne trouva jamais le courage d'ouvrir la bouche en sa présence. Harris sifflait tranquillement, Dimitri grondait comme un jeune dogue, et moi, j'observais en souriant cette étrange maladie dont ma constitution m'avait toujours préservé.

Mon père m'écrivit sur ces entrefaites pour me dire que les affaires allaient bien mal, que les voyageurs étaient rares, que la vie était chère, que nos voisins d'en face venaient d'émigrer, et que si j'avais trouvé une princesse russe, je n'avais rien de mieux à faire que de l'épouser sans délai. Je répondis que je n'avais trouvé personne à séduire, si ce n'est la fille d'un pauvre colonel grec; qu'elle était sérieusement éprise, mais d'un autre que moi; que je pourrais, avec un peu d'adresse, devenir son confident, mais que je ne serais jamais son mari. Au demeurant, ma santé était bonne, mon herbier magnifique. Mes recherches, renfermées jusque-là dans la banlieue d'Athènes, allaient pouvoir s'étendre plus loin. La sécurité renaissait, les brigands avaient été battus par la gendarmerie, et tous les journaux annonçaient la dispersion de la bande d'Hadgi-Stavros. Dans un mois au plus tard je pourrais me mettre en route pour l'Allemagne, et solliciter une place qui donnât du pain à toute la famille.

Nous avions lu, le dimanche 28 avril, dans le

Siècle d'Athènes, la grande défaite du roi des Montagnes. Les rapports officiels disaient qu'il avait eu vingt hommes mis hors de combat, son camp brûlé, sa troupe dispersée, et que la gendarmerie l'avait poursuivi jusque dans les marais de Marathon. Ces nouvelles, fort agréables à tous les étrangers, avaient paru causer moins de plaisir aux Grecs, et particulièrement à nos hôtes. Christodule, pour un lieutenant de la phalange, manquait d'enthousiasme, et la fille du colonel Jean avait failli pleurer en écoutant la défaite du brigand. Harris, qui avait apporté le journal, ne dissimulait pas sa joie. Quant à moi, je rentrais en possession de la campagne, et j'étais enchanté. Dès le 30 au matin, je me mis en route avec ma boîte et mon bâton. Dimitri m'éveilla sur les quatre heures. Il allait prendre les ordres d'une famille anglaise, débarquée depuis quelques jours à l'hôtel des Etrangers.

Je descendis la rue d'Hermès jusqu'au carrefour de la Belle-Grèce, et je pris la rue d'Eole. En passant devant la place des Canons, je saluai la petite artillerie du royaume, qui sommeille sous un hangar en rêvant la prise de Constinople, et j'arrivai en quatre enjambées à la promenade de Patissia. Les mélias qui la bordent des deux côtés commençaient à entr'ouvrir leurs fleurs odorantes. Le ciel, d'un bleu foncé, blanchissait imperceptiblement entre l'Hymette et le Pentélique. Devant moi, à l'horizon, les sommets du Parnès se dressaient comme une muraille ébréchée : c'était le but de mon voyage. Je descendis par un chemin de traverse jusqu'à la maison de la comtesse Janthe Théotoki, occupée par la légation de France; je longeai les jardins du prince Michel

Soutzo de l'Académie de Platon, qu'un président de l'aréopage mit en loterie il y a quelques années, et j'entrai dans le bois d'oliviers. Les grives matinales et les merles, leurs cousins germains, sautillaient dans les feuillages argentés et bavardaient joyeusement sur ma tête. Au débouché du bois, je traversai de grandes orges vertes où les chevaux de l'Attique, courts et trapus comme sur la frise du Parthénon, se consolaient du fourrage sec et de la nourriture échauffante de l'hiver. Des bandes de tourterelles s'envolaient à mon approche, et les alouettes huppées montaient verticalement dans le ciel comme les fusées d'un feu d'artifice. De temps en temps un tortue indolente traversait le chemin en traînant sa maison. Je la couchais soigneusement sur le dos, et je poursuivais ma route en lui laissant l'honneur de se tirer d'affaire. Après deux heures de marche, j'entrai dans le désert. Les traces de culture disparaissaient; on ne voyait sur le sol aride que des touffes d'herbe maigre, des oignons d'ornithogale ou de longues tiges d'asphodèles desséchées. Le soleil se levait et je voyais distinctement les sapins qui hérissent le flanc du Parnès. Le sentier que j'avais pris n'était pas un guide bien sûr, mais je me dirigeais sur un groupe de maisons éparpillées au revers de la montagne, et qui devaient être le village de Castia.

Je franchis d'une enjambée le Céphise éleusinien, au grand scandale des petites tortues plates qui sautaient à l'eau comme de simples grenouilles. A cent pas plus loin, le chemin se perdit dans un ravin large et profond, creusé par les pluies de deux ou trois mille hivers. Je supposai avec quelque raison que le ravin devait être la route. J'avais remarqué, dans mes excursions précédentes, que les Grecs se dispensent de tracer un chemin toutes les fois que l'eau a bien voulu se charger de la besogne. Dans ce pays, où l'homme contrarie peu le travail de la nature, les torrents sont routes royales; les ruisseaux, routes départementales; les rigoles, chemins vicinaux. Les orages font l'office d'ingénieurs des ponts et chaussées, et la pluie est un agent voyer qui entretient, sans contrôle, les chemins de grande et de petite communication. Je m'enfonçai donc dans le ravin, et je poursuivis ma promenade entre deux rives escarpées qui me cachaient la plaine, la montagne et mon but. Mais le chemin capricieux faisait tant de détours, que bientôt il me fut difficile de savoir dans quelle direction je marchais, et si je ne tournais pas le dos au Parnès. Le parti le plus sage eût été de grimper sur l'une ou l'autre rive et de m'orienter en plaine; mais les talus étaient à pic, j'étais las, j'avais faim, et je me trouvais bien à l'ombre. Je m'assis sur un galet de marbre, je tirai de ma boîte un morceau de pain, une épaule d'agneau froide, et une gourde du petit vin que vous savez. Je me disais : « Si je suis sur un chemin, il y passera peut-être quelqu'un et je m'informerai. »

En effet, comme je refermais mon couteau pour m'étendre à l'ombre avec cette douce quiétude qui suit le déjeuner des voyageurs et des serpents, je crus entendre un pas de cheval. J'appliquai une oreille contre terre et je reconnus que deux ou trois cavaliers s'avançaient derrière moi. Je bouclai ma boîte sur mon dos, et je m'apprêtai à les suivre, dans le cas où ils se dirigeraient sur le Parnès. Cinq minutes après, je vis apparaître deux dames montées sur des chevaux de manège et équipées comme des Anglaises en voyage. Derrière elles marchait un piéton que je n'eus pas de peine à reconnaître : c'était Dimitri.

Vous qui avez un peu couru le monde, vous n'êtes pas sans avoir remarqué que le voyageur se met toujours en marche sans aucun souci des vanités de la toilette, mais que s'il vient à rencontrer des dames, fussent-elles plus vieilles que la colombe de l'arche, il sort brusquement de cette indifférence et jette un regard inquiet sur son enveloppe poudreuse. Avant même de distinguer la figure des deux amazones derrière leurs voiles de crêpe bleu, j'avais fait l'inspection de toute ma personne, et j'avais été assez satisfait. Je portais les vêtements que vous voyez, et qui sont encore présentables, quoiqu'ils me servent depuis bientôt deux ans. Je n'ai changé que ma coiffure : une casquette, fût-elle aussi belle et aussi bonne que celle-ci, ne protégerait pas un voyageur contre les coups de soleil. J'avais un chapeau de feutre gris à larges bords, où la poussière ne marquait point.

Je l'ôtai poliment sur le passage des deux dames, qui ne parurent pas s'inquiéter grandement de mon salut. Je tendis la main à Dimitri, et il m'apprit en quelques mots tout ce que je voulais savoir.

« Suis-je bien sur le chemin du Parnès?
— Oui, nous y allons.
— Je peux faire route avec vous?
— Pourquoi pas?
— Qu'est-ce que ces dames?
— Mes Anglaises. Le milord est resté à l'hôtel.
— Quelle espèce de gens?
— Peuh! des banquiers de Londres. La vieille dame est Mme Simons, de la maison Barley et Co;

le milord est son frère; la demoiselle est sa fille.
— Jolie?
— Suivant les goûts. J'aime mieux Photini.
— Irez-vous jusqu'à la forteresse de Philé?
— Oui. Elles m'ont pris pour une semaine, à dix francs par jour et nourri. C'est moi qui organiserai les promenades. J'ai commencé par celle-ci, parce que je savais vous rencontrer. Mais quelle guêpe les pique? »

La vieille dame, ennuyée de voir que je lui empruntais son domestique, avais mis sa bête au trot dans un passage où, de mémoire de cheval, personne n'avait jamais trotté. L'autre animal, piqué au jeu, essayait de prendre la même allure, et, si nous avions causé quelques minutes de plus, nous étions distancés. Dimitri court rejoindre ces dames, et j'entendis Mme Simons lui dire en anglais :

« Ne vous éloignez pas. Je suis Anglaise et je veux être bien servie. Je ne vous paye pas pour faire la conversation avec vos amis. Qu'est-ce que ce Grec avec qui vous causiez?
— C'est un Allemand, madame.
— Ah!... Qu'est-ce qu'il fait?
— Il cherche des herbes.
— C'est donc un apothicaire.
— Non, madame : c'est un savant.
— Ah!... Sait-il l'anglais?
— Oui, madame, très bien.
— Ah!... »

Les trois « ah! » de la vieille dame furent dits sur trois tons différents, que j'aurais eu du plaisir à noter si j'avais su la musique. Ils indiquaient par des nuances bien sensibles les progrès que j'avais faits dans l'estime de Mme Simons. Cependant elle ne m'adressa pas la parole, et je suivis la petite caravane à quelques pas de distance. Dimitri n'osait plus causer avec moi : il marchait en avant, comme un prisonnier de guerre. Tout ce qu'il put faire en ma faveur fut de me lancer deux ou trois regards qui voulaient dire en français : « Que ces Anglaises sont pimbêches ! » Miss Simons ne retournait pas la tête, et j'étais hors d'état de décider en quoi sa laideur différait de celle de Photini. Ce que je pus voir sans indiscrétion, c'est que la jeune Anglaise était grande et merveilleusement faite. Ses épaules étaient larges, sa taille ronde comme un jonc et souple comme un roseau. Le peu qu'on apercevait de son cou m'eût fait penser aux cygnes du jardin zoologique, quand même je n'aurais pas été naturaliste.

Sa mère se retourna pour lui parler, et je doublai le pas, dans l'espoir d'entendre sa voix. Ne vous ai-je pas averti que j'étais passionnément curieux? J'arrivai juste à temps pour recueillir la conversation suivante :

« Mary-Ann !
— Maman?
— J'ai faim.
— Avez-vous?
— J'ai.
— Moi, maman, j'ai chaud.
— Avez-vous?
— J'ai. »

Vous croyez que ce dialogue éminemment anglais me fit sourire? Point du tout, monsieur; j'étais sous le charme. La voix de Mary-Ann avait suivi je ne sais quel chemin pour pénétrer je ne sais où; le fait est qu'en l'écoutant j'éprouvai comme une angoisse délicieuse, et je me sentis très agréablement étouffé. De ma vie je n'avais rien entendu de plus jeune, de plus frais, de plus argentin que cette petite voix. Le son d'une pluie d'or tombant sur le toit de mon père m'aurait paru moins doux en vérité. « Quel malheur, pensais-je en moi-même, que les oiseaux les plus mélodieux soient nécessairement les plus laids ! » Et je craignais de voir son visage, et pourtant je mourais d'envie de la regarder en face, tant la curiosité a d'empire sur moi.

Dimitri comptait faire déjeuner les deux voyageuses au khan de Calyvia. C'est une auberge construite en planches mal jointes; mais on y trouve en toute saison une outre de vin résiné, une bouteille de *rhaki*, c'est-à-dire d'anisette, du pain bis, des œufs, et tout un régiment de vénérables couveuses que la mort transforme en poulets, en vertu de la métempsycose. Malheureusement le khan était désert et la porte fermée. A cette nouvelle, Mme Simons fit une querelle très aigre à Dimitri, et comme elle se retournait en arrière, elle me montra une figure aussi anguleuse que la lame d'un couteau de Sheffield, et deux rangées de dents semblables à des palissades. « Je suis Anglaise, disait-elle, et j'ai la prétention de manger lorsque j'ai faim.

— Madame, répliqua piteusement Dimitri, vous déjeunerez dans une demi-heure au village de Castia. »

Moi qui avais déjeuné, je me livrais à des réflexions mélancoliques sur la laideur de Mme Simon, et je murmurais entre mes dents un aphorisme de la grammaire latine de Fraugman : « Telle mère, telle fille. » *Qualis mater, talis filia.*

Depuis le khan jusqu'au village, la route est

particulièrement détestable. C'est une rampe étroite, entre un rocher à pic et un précipice qui donnerait le vertige aux chamois eux-mêmes. Mme Simons, avant de s'engager dans ce sentier diabolique, où les chevaux trouvaient bien juste la place de leurs quatre fers, demanda s'il n'y avait pas un autre chemin. « Je suis Anglaise, dit-elle, et je ne suis pas faite pour rouler dans les précipices. » Dimitri fit l'éloge du chemin; il assurait qu'il y en avait de cent fois pires dans le royaume. « Au moins, reprit la bonne dame, tenez la bride de mon cheval. Mais que deviendra ma fille? Conduisez le cheval de ma fille! Cependant il ne faut pas que je me rompe le cou. Ne pourriez-vous pas tenir les deux chevaux en même temps? Ce sentier est détestable en vérité. Je veux croire qu'il est assez bon pour des Grecs, mais il n'est pas fait pour des Anglaises. N'est-il pas vrai, monsieur? » ajouta-t-elle en se tournant gracieusement vers moi.

J'étais introduit. Régulière ou non, la présentation était faite. J'arrivais sous les auspices d'un personnage bien connu dans les romans du moyen âge, et que les poètes du quatorzième siècle appelaient Danger. Je m'inclinai avec toute l'élégance que la nature m'a permise, et je répondis en anglais :

« Madame, le chemin n'est pas si mauvais qu'il vous semble à première vue. Vos chevaux ont le pied sûr; je les connais pour les avoir montés. Enfin, vous avez deux guides, si vous voulez bien le permettre : Dimitri pour vous, moi pour mademoiselle. »

Aussitôt fait que dit : sans attendre une réponse, je m'avançai hardiment, je pris la bride du cheval de Mary-Ann en me tournant vers elle, et comme son voile bleu venait de s'envoler en arrière, je vis la plus adorable figure qui ait jamais bouleversé l'esprit d'un naturaliste allemand.

Un charmant poète chinois, le célèbre A-Scholl, prétend que chaque homme a dans le cœur un chapelet d'œufs, dont chacun contient un amour. Pour les faire éclore, il suffit du regard d'une femme. Je suis trop savant pour ignorer que cette hypothèse ne repose sur aucune base solide, et qu'elle est en contradiction formelle avec tous les faits révélés par l'anatomie. Cependant je dois constater que le premier regard de miss Simons me causa une ébranlement sensible dans la région du cœur. J'éprouvai une commotion tout à fait inusitée, et qui pourtant n'avait rien de douloureux, et il me sembla que quelque chose s'était brisé dans la boîte osseuse de ma poitrine, au-dessous de l'os appelé sternum. Au même instant, mon sang courut par ondées violentes, et les artères de mes tempes battirent avec tant de force, que je pouvais compter les pulsations.

Quels yeux elle avait, mon cher monsieur! Je souhaite, pour votre repos, que vous n'en rencontriez jamais de pareils. Ils n'étaient pas d'une grandeur surprenante, et ils n'empiétaient pas sur le reste de la figure. Ils n'étaient ni bleus ni noirs, mais d'une couleur spéciale et personnele, faite pour eux et broyée tout exprès sur un coin de la palette. C'était un brun ardent et velouté qui ne se rencontre que dans le grenat de Sibérie et dans certaines fleurs des jardins. Je vous montrerai une scabieuse et une variété de rose trémière presque noire, qui rappellent, sans la rendre, la nuance merveilleuse de ses yeux. Si vous avez jamais visité les forges à minuit, vous avez dû remarquer la lueur étrange que projette une plaque d'acier chauffée au rouge brun : voilà tout justement la couleur de ses regards. Quant au charme qu'ils avaient, aucune comparaison ne saurait le rendre. Le charme est un don réservé à un petit nombre d'individus du règne animal. Les yeux de Mary-Ann avaient je ne sais quoi de naïf et de spirituel, une vivacité candide, un pétillement de jeunesse et de santé, et parfois une langueur touchante. Toute la science de la femme et toute l'innocence de l'enfant s'y lisaient comme dans un livre; mais ce livre, on serait devenu aveugle à le lire longtemps. Son regard brûlait, aussi vrai que je m'appelle Hermann. Il aurait fait mûrir les pêches de votre espalier.

Quand je pense que ce pauvre Dimitri la trouvait moins belle que Photini! En vérité, l'amour est une maladie qui hébète singulièrement ses malades! Moi qui n'ai jamais perdu l'usage de ma raison et qui juge toutes choses avec la sage indifférence du naturaliste, je vous certifie que le monde n'a jamais vu une femme comparable à Mary-Ann. Je voudrais pouvoir vous montrer son portrait tel qu'il est resté gravé au fond de ma mémoire. Vous verriez comme ses cils étaient longs, comme ses sourcils traçaient une courbe gracieuse au-dessus de ses yeux, comme sa bouche était mignonne, comme l'émail de ses dents riait au soleil, comme sa petite oreille était rose et transparente. J'ai étudié sa beauté dans ses moindres détails, parce que j'ai l'esprit analytique et l'habitude de l'observation. Un des traits qui m'ont le plus frappé en elle, c'est la finesse et la transparence de la peau : son épiderme était plus délicat que la pellicule veloutée qui enveloppe les beaux fruits. Les couleurs de ses joues semblaient faites de cette poussière impalpable qui enlumine les ailes des papillons. Si je n'avais pas été docteur ès sciences naturelles, j'aurais craint que le frôlement de son voile n'emportât l'éclat fragile de sa beauté. Je ne sais pas si vous aimez les femmes pâles, et je ne voudrais point heurter vos idées, si par hasard vous aviez du goût pour ce genre d'élégance moribonde qui a été à la mode pendant un certain temps; mais, en ma qualité de savant, je n'admire rien tant que la santé, cette joie de la vie. Si jamais je me fais recevoir médecin, je serai un homme précieux pour les familles, car il est certain que je ne m'éprendrai jamais d'une de mes malades. La vue d'une jolie figure saine et vivante me fait presque autant de plaisir que la rencontre d'un bel arbuste vigoureux dont les fleurs s'épanouissent gaiement au soleil, et dont les feuilles n'ont jamais été entamées ni par les chenilles ni par les hannetons. Aussi la première fois que je vis la figure de Mary-Ann, j'éprouvai une violente tentation de lui serrer la main et de lui dire : « Mademoiselle, que vous êtes bonne de vous porter si bien ! »

J'ai oublié de vous dire que les lignes de sa figure manquaient de régularité, et qu'elle n'avait pas un profil de statue. Phidias eût peut-être refusé de faire son buste; mais votre Pradier lui eût demandé quelques séances à deux genoux. J'avouerai, au risque de détruire vos illusions, qu'elle portait à la joue gauche une fossette qui manquait absolument à sa joue droite : ce qui est contraire à toutes les lois de la symétrie. Sachez de plus que son nez n'était ni droit ni aquilin, mais franchement retroussé, à la française. Mais que cette conformation la rendît moins jolie, c'est ce que je nierais jusque sur l'échafaud. Elle était aussi belle que les statues grecques; mais elle l'était différemment. La beauté ne se mesure pas sur un type immuable, quoique Platon l'ait affirmé dans ses divagations sublimes. Elle varie suivant les temps, suivant les peuples, et suivant la culture des esprits. La Vénus de Milo était, il y a deux mille ans, la plus belle fille de l'Archipel : je ne crois pas qu'elle serait en 1856 la plus jolie femme de Paris. Menez-là chez une couturière de la place Vendôme et chez une modiste de la rue de la Paix. Dans tous les salons où vous la présenterez, elle aura moins de succès que madame telle ou telle qui a les traits moins corrects et le nez moins droit. On pouvait admirer une femme géométriquement belle dans le temps où la femme n'était qu'un objet d'art destiné à flatter les yeux sans rien dire à l'esprit, un oiseau de paradis dont on contemplait le plumage sans l'inviter à chanter jamais. Une belle Athénienne était aussi bien proportionnée, aussi blanche et aussi froide que la colonne d'un temple. M. Mérinay m'a fait voir dans un livre que la colonne ionique n'était qu'une femme déguisée. Le portique du temple d'Érechthée, à l'acropole d'Athènes, repose encore sur quatre Athéniennes du siècle de Périclès. Les femmes d'aujourd'hui sont de petits êtres ailés, légers, remuants et surtout pensants, créés non pour porter des temples sur leurs têtes, mais pour éveiller le génie, pour égayer le travail, pour animer le courage et pour éclairer le monde aux étincelles de leur esprit. Ce que nous aimons en elles, et ce qui fait leur beauté, ce n'est pas la régularité compassée de leurs traits, c'est l'expression vive et mobile de sentiments plus délicats que les nôtres; c'est le rayonnement de la pensée autour de cette fragile enveloppe qui ne suffit pas à la contenir; c'est le jeu pétulant d'une physionomie éveillée. Je ne suis pas sculpteur, mais si je savais manier l'ébauchoir et qu'on me donnât à faire la statue allégorique de notre époque, je vous jure qu'elle aurait une fossette à la joue gauche et le nez retroussé.

Je conduisis Mary-Ann jusqu'au village de Castia. Ce qu'elle me dit le long du chemin et ce que j'ai pu lui répondre n'a pas laissé plus de traces dans mon esprit que le vol d'une hirondelle n'en laisse dans les airs. Sa voix était si douce à entendre, que je n'ai peut-être pas écouté ce qu'elle me disait. J'étais comme à l'Opéra, où la musique ne permet pas souvent de comprendre les paroles. Et pourtant toutes les circonstances de cette première entrevue sont devenues ineffaçables dans mon esprit. Je n'ai qu'à fermer les yeux pour croire que j'y suis encore. Le soleil d'avril frappait à petits coups sur ma tête. Au-dessous du chemin et au-dessus, les arbres résineux de la montagne semaient leurs aromates daans l'air. Les pins, les thuyas et les térébinthes semblaient brûler un encens âpre et rustique sur le passage de Mary-Ann. Elle aspirait avec un bonheur visible cette largesse odorante de la nature. Son petit nez mutin frémissait et battait des ailes; ses yeux, ses beaux yeux, couraient d'un objet à l'autre avec une joie étincelante. En la voyant si jolie, si vive et si heureuse, vous auriez dit une dryade échappée de l'écorce. Je vois encore d'ici la bête qu'elle montait; c'était le *Psari*, un cheval blanc du manège de Zimmermann. Son amazone était noire; celle de Mme Simons, qui me fermait l'horizon, était d'un vert bouteille assez excentrique pour témoigner de l'indépendance de son goût. Mme Simons avait un chapeau noir, de cette forme absurde et disgracieuse que les hommes ont adoptée en tout pays; sa fille portait le feutre gris des héroïnes de la Fronde. L'une et l'autre étaient gantées de chamois. La main de Mary-Ann était un peu grande, mais admirablement faite. Moi je n'ai jamais pu porter de gants. Et vous?

Le village de Castia se trouva désert comme le khan de Calyvia. Dimitri n'y pouvait rien comprendre. Nous descendîmes de cheval auprès de la fontaine, devant l'Eglise. Chacun de nous s'en alla frapper de porte en porte : pas une âme. Personne chez le papas, personne chez le parèdre. L'autorité avait déménagé à la suite de la population. Toutes les maisons de la commune se composent de quatre murs et d'un toit, avec deux ouvertures, dont l'une sert de porte et l'autre de fenêtre. Le pauvre Dimitri prit la peine d'enfoncer deux ou trois portes et cinq ou six volets pour s'assurer que les habitants n'étaient pas endormis chez eux. Tant d'effractions ne servirent qu'à délivrer un malheureux chat oublié par son maître, et qui partit comme une flèche dans la direction des bois.

Pour le coup, Mme Simons perdit patience. « Je suis Anglaise, dit-elle à Dimitri, et l'on ne se moque pas impunément de moi. Je me plaindrai à la légation. Quoi! je vous loue pour une promenade dans la montagne, et vous me faites voyager sur des précipices! Je vous ordonne d'apporter des provisions, et vous m'exposez à mourir de faim ! Nous devions déjeuner au khan, et le khan est abandonné ! J'ai la constance de vous suivre à jeun jusqu'à cet affreux village, et tous les paysans sont partis ! Tout cela n'est pas naturel. J'ai voyagé en Suisse : la Suisse est un pays de montagnes, et cependant je n'y ai manqué de rien : j'y ai toujours déjeuné à mes heures, et j'ai mangé des truites, entendez-vous ? »

Mary-Ann essaya de calmer sa mère, mais la bonne dame n'avait pas d'oreilles. Dimitri lui expliqua comme il put que les habitants du village étaient presque tous charbonniers, et que leur profession les dispersait assez souvent dans la montagne. En tout cas, il n'y avait pas encore de temps de perdu : il n'était pas plus de huit heures, et l'on était sûr de trouver à dix minutes de marche une maison habitée et un déjeuner tout prêt.

« Quelle maison ? demanda mistress Simons.

— La ferme du couvent. Les moines du Pentélique ont de vastes terrains au-dessus de Castia. Ils y élèvent des abeilles. Le bon vieillard qui exploite la ferme a toujours du vin, du pain, du miel et des poules : il nous donnera à déjeuner.

— Il sera sorti comme tout le monde.

— S'il est sorti, il ne sera pas loin. Le temps des essaims approche, et il ne peut pas s'écarter beaucoup de ses ruchers.

— Allez-y voir ; moi, j'ai assez voyagé depuis ce matin. Je fais vœu de ne pas remonter à cheval avant d'avoir mangé.

— Madame, vous n'aurez pas besoin de remonter à cheval, reprit Dimitri, patient comme un guide. Nous pouvons attacher nos bêtes à l'abreuvoir, et nous arriverons plus vite à pied. »

Mary-Ann décida sa mère. Elle mourait d'envie de voir le bon vieillard et ses troupeaux ailés. Dimitri fixa les chevaux auprès de la fontaine, en posant sur chaque bride une grosse pierre pesante. Mme Simons et sa fille relevèrent leurs amazones; et notre petite troupe s'engagea dans un sentier escarpé, fort agréable assurément aux chèvres de Castia. Tous les lézards verts qui s'y chauffaient au soleil se retirèrent discrètement à notre approche, mais chacun d'eux arracha un cri d'aigle à la bonne Mme Simons, qui ne pouvait pas souffrir les bêtes rampantes. Après un quart d'heure de vocalises, elle eut enfin la joie de voir une maison ouverte et un visage humain. C'était la ferme et le bon vieillard.

La ferme était un petit édifice en briques rouges coiffé de cinq coupoles, ni plus ni moins qu'une mosquée de village. A la voir de loin, elle ne manquait pas d'une certaine élégance. Propre en dehors, sale en dedans, c'est la devise de l'Orient. On voyait aux environs, à l'abri d'un monticule hérissé de thym, une centaine de ruches en paille, posées à terre sans façon et alignées au cordeau comme les tentes dans un camp. Le roi de cet empire, le bon vieillard, était un petit jeune homme de vingt-cinq ans, rond et guilleret. Tous les moines grecs sont décorés du titre honorifique de bon vieillard, et l'âge n'y fait rien. Il était vêtu comme un paysan, mais son bonnet, au lieu d'être rouge, était noir : c'est à ce signe que Dimitri le reconnut.

Le petit homme, en nous voyant accourir, levait les bras au ciel, et donnait les signes d'une stupéfaction profonde. « Voilà un singulier original, dit Mme Simons; qu'a-t-il donc tant à s'étonner ? On dirait qu'il n'a jamais vu d'Anglaises ! »

Dimitri, qui courait en tête, baisa la main du moine, et lui dit avec un curieux mélange de respect et de familiarité :

« Bénissez-moi, mon père. Tords le cou à deux poulets, on te payera bien.

— Malheureux ! dit le moine, que venez-vous faire ici ?

— Déjeuner.

— Tu n'as donc pas vu que le khan d'en bas était abandonné ?

— Je l'ai si bien vu, que j'y ai trouvé visage de bois.

— Et que le village était désert ?

— Si j'y avais rencontré du monde, je n'aurais pas grimpé jusque chez toi.

— Tu es donc d'accord avec eux ?

— Eux qui ?

— Les brigands !

— Il y a des brigands dans le Parnès ?

— Depuis avant-hier.

— Où sont-ils ?

— Partout ! »

Dimitri se retourna vivement vers nous et nous dit :

« Nous n'avons pas une minute à perdre. Les brigands sont dans la montagne. Courons à nos chevaux. Un peu de courage, mesdames, et des jambes, s'il vous plaît !

— Voilà qui est trop fort ! cria Mme Simons. Sans avoir déjeuné !

— Madame, votre déjeuner pourrait vous coûter cher. Hâtons-nous, pour l'amour de Dieu !

— Mais c'est donc une conspiration ! Vous avez juré de me faire mourir de faim ! Voici les brigands, maintenant ! Comme s'il y avait des brigands ! Je ne crois pas aux brigands. Tous les journaux annoncent qu'il n'y en a plus ! D'ailleurs je suis Anglaise, et si quelqu'un touchait un cheveu de ma tête... ! »

Mary-Ann était beaucoup moins rassurée. Elle s'appuya sur mon bras et me demanda si je croyais que nous fussions en danger de mort.

« De mort, non. De vol, oui.

— Que m'importe? reprit Mme Simons. Qu'on me vole tout ce que j'ai sur moi, et qu'on me serve à déjeuner ! »

J'ai su plus tard que la pauvre femme était sujette à une maladie assez rare que le vulgaire appelle faim canine, et que nous autres savants nous baptisons du nom de *boulimie*. Lorsque la faim la prenait, elle aurait donné sa fortune pour un plat de lentilles.

Dimitri et Mary-Ann la saisirent chacun par une main et l'entraînèrent jusqu'au sentier qui nous avait amenés. Le petit moine la suivait en gesticulant, et j'avais une violente tentation de la pousser par derrière; mais un petit sifflement net et impératif nous arrêta tous sur nos pieds.

« St ! st ! »

Je levai les yeux. Deux buissons de lentisques et d'arbousiers se serraient à droite et à gauche du chemin. De chaque touffe d'arbres sortaient trois ou quatre canons de fusil. Une voix cria en grec : « Asseyez-vous à terre. » Cette opération me fut d'autant plus facile, que mes jarrets pliaient sous moi. Mais je me consolai en pensant qu'Ajax, Agamemnon et le bouillant Achille, s'ils s'étaient vus dans la même situation, n'auraient pas refusé le siège qu'on m'offrait.

Les canons des fusils s'abaissèrent vers nous. Je crus voir qu'ils s'allongeaient démesurément et que leurs extrémités allaient venir se rejoindre autour de nos têtes. Ce n'est pas que la peur me troublât la vue; mais je n'avais jamais remarqué aussi sensiblement la longueur désespérante des fusils grecs. Tout l'arsenal déboucha bientôt dans le chemin, et chaque canon montra sa crosse et son maître.

La seule différence qui existe entre les diables et les brigands, c'est que les diables sont moins noirs qu'on ne le dit, et les brigands plus crottés qu'on ne le suppose. Les huit sacripants qui se mirent en cercle autour de nous étaient d'une telle malpropreté, que j'aurais voulu leur donner mon argent avec des pincettes. On devinait avec un peu d'effort que leurs bonnets avaient été rouges; mais la lessive elle-même n'aurait pas su retrouver la couleur originelle de leurs habits. Tous les rochers du royaume avaient déteint sur leurs jupes de percale, et leurs vestes gardaient un échantillon des divers terrains sur lesquels ils s'étaient reposés. Leurs mains, leurs figures et jusqu'à leurs moustaches étaient d'un gris rougeâtre comme le sol qui les portait. Chaque animal se colore suivant son domicile et ses habitudes : les renards du Groenland sont couleur de neige; les lions, couleur de désert; les perdrix, couleur de sillon; les brigands grecs, couleur de grand chemin.

Le chef de la petite troupe qui nous avait faits prisonniers ne se distinguait par aucun signe extérieur. Peut-être cependant sa figure, ses mains et ses habits étaient-ils plus riches en poussière que ceux de ses camarades. Il se pencha vers nous du haut de sa longue taille, et nous examina de si près, que je sentis le frôlement de ses moustaches. Vous auriez dit un tigre qui flaire sa proie avant d'y goûter. Quand sa curiosité fut satisfaite, il dit à Dimitri : « Vide tes poches ! » Dimitri ne se le fit pas répéter deux fois. Il jeta devant lui un couteau, un sac à tabac, et trois piastres mexicaines qui composaient une somme de seize francs environ.

« Est-ce tout ? demanda le brigand.

— Oui, frère.

— Tu es le domestique ?

— Oui, frère.

— Reprends une piastre. Tu ne dois pas retourner à la ville sans argent. »

Dimitri marchanda. « Tu pourrais bien m'en laisser deux, dit-il. J'ai deux chevaux en bas; ils sont loués au manège; il faudra que je paye la journée.

— Tu expliqueras à Zimmermann que nous t'avons pris ton argent.

— Et s'il veut être payé quand même ?

— Réponds-lui qu'il est trop heureux de revoir ses chevaux.

— Il sait bien que vous ne prenez pas les chevaux. Qu'est-ce que vous en feriez dans la montagne ?

— Assez ! Dis-moi, quel est ce grand maigre qui est auprès de toi ? »

Je répondis moi-même : « Un honnête Allemand dont les dépouilles ne vous enrichiront pas.

— Tu parles bien le grec. Vide tes poches ! »

Je déposai sur la route une vingtaine de francs, mon tabac, ma pipe et mon mouchoir.

« Qu'est cela ? demanda le grand inquisiteur.
— Un mouchoir.
— Pourquoi faire ?
— Pour me moucher.
— Pourquoi m'as-tu dit que tu étais pauvre ? Il n'y a que les milords qui se mouchent dans des mouchoirs. Ote la boîte que tu as derrière le dos. Bien ! Ouvre-la. »

Ma boîte contenait quelques plantes, un livre, un couteau, un petit paquet d'arsenic, une gourde presque vide, et les restes de mon déjeuner, qui allumèrent un regard de convoitise dans les yeux de Mme Simons. J'eus la hardiesse de les lui offrir avant que mon bagage changeât de maître. Elle accepta gloutonnement et se mit à dévorer le pain et la viande. A mon grand étonnement, cet acte de gourmandise scandalisa nos voleurs, qui murmurèrent entre eux le mot *schismatique !* Le moine fit une demi-douzaine de signes de croix suivant le rite de l'Eglise grecque.

« Tu dois avoir une montre, me dit le brigand ; mets-la avec le reste. »

Je livrai ma montre d'argent, un bijou héréditaire du poids de quatre onces. Les scélérats se la passèrent de main en main, et la trouvèrent fort belle. J'espérais que l'admiration, qui rend l'homme meilleur, les disposerait à me restituer quelque chose, et je priai leur chef de me laisser ma boîte de fer blanc. Il m'imposa rudement silence. « Du moins, lui dis-je, rends-moi deux écus pour retourner à la ville ! » Il répondit avec un rire sardonique : « Tu n'en auras pas besoin. »

Le tour de Mme Simons était venu. Avant de

mettre la main à la poche, elle interpella nos vainqueurs dans la langue de ses pères. L'anglais est un des rares idiomes qu'on peut parler la bouche pleine. « Réfléchissez bien à ce que vous allez faire, dit-elle d'un ton menaçant. Je suis Anglaise, et les citoyens anglais sont inviolables dans tous les pays du monde. Ce que vous me prendrez vous servira peu et vous coûtera cher. L'Angleterre me vengera, et vous serez tous pendus, pour le moins. Maintenant, si vous voulez de mon argent, vous n'avez qu'à parler; mais il vous brûlera les doigts : c'est de l'argent anglais !

— Que dit-elle? » demanda l'orateur des brigands.

Dimitri répondit : « Elle dit qu'elle est Anglaise.

— Tant mieux! Tous les Anglais sont riches. Dis-lui de faire comme vous. »

La pauvre dame vida sur le sable une bourse qui contenait douze souverains. Comme sa montre n'était pas en évidence, et qu'on ne faisait pas mine de nous fouiller, elle la garda. La clémence des vainqueurs lui laissa son mouchoir de poche.

Mary-Ann jeta sa montre avec tout un trousseau d'amulettes contre le mauvais œil. Elle lança devant elle, par un mouvement plein de grâce mutine, un sac de peau de chagrin qu'elle portait en bandoulière. Le brigand l'ouvrit avec un empressement de douanier. Il en tira un petit nécessaire anglais, un flacon de sels anglais, une boîte de pastilles de menthe anglaise et cent et quelques francs d'argent anglais.

« Maintenant, dit la belle impatiente, vous pouvez nous laisser partir : nous n'avons plus rien à vous. »

On lui indiqua, par un geste menaçant, que la séance n'était pas levée. Le chef de la bande s'accroupit devant nos dépouilles, appela le *bon vieillard,* compta l'argent en sa présence et lui remit une somme de quarante-cinq francs. Mme Simons me poussa le coude : « Vous voyez, me dit-elle, le moine et Dimitri nous ont livrés : on partage avec eux.

— Non, madame, répliquai-je aussitôt. Dimitri n'a reçu qu'une aumône sur ce qu'on lui avait volé. C'est une chose qui se fait partout. Aux bords du Rhin, lorsqu'un voyageur s'est ruiné à la roulette, le fermier des jeux lui donne de quoi retourner chez lui.

— Mais le moine?

— Il a perçu la dîme du butin, en vertu d'un usage immémorial. Ne le lui reprochez pas, mais plutôt sachez-lui gré d'avoir voulu nous sauver quand son couvent était intéressé à notre capture. »

Cette discussion fut interrompue par les adieux de Dimitri. On venait de lui rendre sa liberté. « Attends-moi, lui dis-je, nous retournerons ensemble. » Il hocha tristement la tête et me répondit en anglais, pour être compris de ces dames :

« Vous êtes prisonniers pour quelques jours, et vous ne reverrez pas Athènes avant d'avoir payé rançon. Je vais avertir le milord. Ces dames ont-elles des commissions à me donner pour lui?

— Dites-lui, cria Mme Simons, qu'il coure à l'ambassade, qu'il aille ensuite au Pirée trouver l'amiral, qu'il se plaigne au Foreign Office, qu'il écrive à lord Palmerston! On nous arrachera d'ici par la force des armes ou par l'autorité de la politique; mais je n'entends pas qu'on débourse un penny pour ma liberté.

— Moi, repris-je sans tant de colère, je te prie de dire à mes amis dans quelles mains tu m'as laissé. S'il faut quelques centaines de drachmes pour racheter un pauvre diable de naturaliste, ils les trouveront sans peine. Ces messieurs de grand chemin ne sauraient me coter bien cher. J'ai envie, tandis que tu es encore là, de leur demander ce que je vaux, au plus juste prix.

— Inutile, mon cher monsieur Hermann; ce n'est pas eux qui fixeront le chiffre de votre rançon.

— Et qui donc?

— Leur chef, Hadgi-Stavros. »

CHAPITRE IV

HADGI-STAVROS

Dimitri redescendit vers Athènes; le moine remonta vers ses abeilles; nos nouveaux maîtres nous poussèrent dans un sentier qui condusait au camp de leur roi. Mme Simons fit acte d'indépendance en refusant de mettre un pied devant l'autre. Les brigands la menacèrent de la porter dans leurs bras : elle déclara qu'elle ne se laisserait pas porter. Mais sa fille la rappela à des sentiments plus doux, en lui faisant espérer qu'elle trouverait la table mise et qu'elle déjeunerait avec Hadgi-Stavros. Mary-Ann était plus surprise qu'épouvantée. Les brigands subalternes qui venaient de nous arrêter avaient fait preuve d'une certaine courtoisie; ils n'avaient fouillé personne, et ils avaient tenu les mains loin de leurs prisonnières. Au lieu de nous dépouiller, ils nous avaient priés de nous dépouiller nous-mêmes; ils n'avaient pas remarqué que ces dames portaient des pendants d'oreilles, et ils ne les avaient pas même invitées à ôter leurs gants. Nous étions donc bien loin de ces routiers d'Espagne et d'Italie qui coupent un doigt pour avoir une bague, et arrachent le lobe de l'oreille pour prendre une perle ou un diamant. Tous les malheurs dont nous étions menacés se réduisaient au paiement d'une rançon : encore était-il probable que nous serions délivrés gratis. Comment supposer qu'Hadgi-Stavros nous retiendrait impunément, à cinq lieues de la capitale, de la cour, de l'armée grecque, d'un bataillon de Sa Majesté Britannique, et d'un stationnaire anglais ? Ainsi raisonnait Mary-Ann. Pour moi, je pensais involontairement à l'histoire des petites filles de Mistra, et je me sentais gagné de tristesse. Je craignais que Mme Simons, par son obstination patriotique, n'exposât sa fille à quelque grand danger, et je me promettais de l'éclairer au plus tôt sur sa situation. Nous marchions un à un dans un sentier étroit, séparés les uns des autres par nos farouches compagnons de voyage. La route me paraissait interminable, et je demandai plus de dix fois si nous n'étions pas bientôt arrivés. Le paysage était affreux : la roche nue laissait à peine échapper par ses crevasses un petit buisson de chêne vert ou une touffe de thym épineux qui s'accrochait à nos jambes. Les brigands victorieux ne manifestaient aucune joie, et leur marche triomphale ressemblait à une promenade funèbre. Ils fumaient silencieusemeent des cigarettes grosses comme le doigt. Aucun d'eux ne causait avec son voisin : un seul psalmodiait de temps en temps une sorte de chanson nasillarde. Ce peuple est lugubre comme une ruine.

Sur les onze heures, un aboiement féroce nous annonça le voisinage du camp. Dix ou douze chiens énormes, grands comme des veaux, frisés comme des moutons, se ruèrent sur nous en montrant toutes leurs dents. Nos protecteurs les reçurent à coups de pierres, et après un quart d'heure d'hostilités la paix se fit. Ces monstres inhospitaliers sont les sentinelles avancées du Roi des Montagnes. Ils flairent la gendarmerie comme les chiens des contrebandiers flairent la douane. Mais ce n'est pas tout, et leur zèle est si grand, qu'ils croquent de temps à autre un berger inoffensif, un voyageur égaré, ou même un compagnon d'Hadgi-Stavros. Le Roi les nourrit, comme les vieux sultans entretenaient leurs janissaires, avec la crainte perpétuelle d'être dévoré.

Le camp du Roi était un plateau de sept ou huit cents mètres de superficie. J'eus beau y chercher les tentes de nos vainqueurs. Les brigands ne sont pas des sybarites, et ils dorment sous le ciel au 30 avril. Je ne vis ni dépouilles entassées, ni trésors étalés, ni rien de ce qu'on espère trouver au chef-lieu d'une bande de voleurs. Hadgi-Stavros se charge de faire vendre le butin; chaque homme reçoit sa paye en argent et l'emploie à sa fantaisie. Les uns font des placements dans le commerce, les autres prennent hypothèque sur des maisons d'Athènes, d'autres achètent des terrains dans leurs villages; aucun ne gaspille les produits du vol. Notre arrivée interrompit le déjeuner de vingt-cinq ou trente hommes, qui accoururent à nous avec leur pain et leur fromage. Le chef nourrit ses soldats : on leur distribue tous les jours une ration de pain, d'huile, de vin, de fromage, de caviar, de piment, d'olives amères, et de viande quand la religion le permet. Les gourmets qui veulent manger des mauves ou d'autres herbages sont libres de cueillir des friandises dans la montagne. Les brigands, comme les autres classes du peuple, allument rarement du feu pour leurs repas; ils mangent les viandes froides et les légumes crus. Je remarquai que tous ceux qui se serraient autour de nous observaient religieusement la loi d'abstinence. Nous étions à la veille de l'Ascension, et ces braves gens, dont le plus innocent avait au moins un homme sur la conscience, n'auraient pas voulu charger leur estomac d'une cuisse de poulet. Arrêter deux Anglaises au bout de leurs fusils leur semblait une peccadille insignifiante; Mme Simons avait péché bien plus gravement en mangeant de l'agneau le mercredi de l'Ascension.

Les hommes de notre escorte régalèrent copieusement la curiosité de leurs camarades. On les accabla de questions, et ils répondirent à tout. Ils étalèrent le butin qu'ils avaient fait, et ma montre d'argent obtint encore un succès qui flatta mon amour-propre. La savonnette d'or de Mary-Ann fut moins remarquée. Dans cette première entrevue, la considération publique tomba sur ma montre, et il en rejaillit quelque chose sur moi. Aux yeux de ces hommes simples, le possesseur d'une pièce si importante ne pouvait être moins qu'un milord.

La curiosité des brigands était agaçante, mais non pas insolente. Aucun d'eux ne faisait mine de nous traiter en pays conquis. Ils savaient que nous étions dans leurs mains et qu'ils nous échangeraient tôt ou tard contre un certain nombre de pièces d'or; mais ils ne songeaient pas à se prévaloir de cette circonstance pour nous malmener ou nous manquer de respect. Le bons sens, ce génie impérissable du peuple grec, leur montrait en nous les représentants d'une race différente, et jusqu'à un certain point supérieure. La barbarie victorieuse rendait un secret hommage à la civilisation vainque. Plusieurs d'entre eux voyaient pour la première fois l'habit européen. Ceux-là tournaient autour de nous comme les habitants du nouveau monde autour des Espagnols de Colomb. Ils tâtaient furtivement l'étoffe de mon paletot, pour savoir de quel tissu elle était faite. Ils auraient voulu pouvoir m'ôter tous mes vêtements, pour les examiner en détail. Peut-être même n'auraient-ils pas été fâchés de me casser en deux ou trois morceaux pour étudier la structure intérieure d'un milord; mais je suis sûr qu'ils ne l'eussent pas fait sans s'excuser et sans me demander pardon de la liberté grande.

Mme Simons ne tarda pas à perdre patience; elle s'ennuyait d'être examinée de si près par ces mangeurs de fromage qui ne lui offraient point à déjeuner. Tout le monde n'aime pas à se donner en spectacle. Le rôle de curiosité vivante déplaisait fort à la bonne dame, quoiqu'elle eût pu le remplir avantageusement dans tous les pays du globe. Quant à Mary-Ann, elle tombait de fatigue. Une course de six heures, la faim, l'émotion, la surprise, avaient eu bon marché de cette créature délicate. Figurez-vous une jeune miss élevée dans la ouate, habituée à marcher sur les tapis des salons ou sur le raygrass des plus beaux parcs. Ses bottines étaient déjà déchirées par les aspérités du chemin, et les buissons avaient frangé le bas de sa robe. Elle avait pris du thé la veille, dans les salons de la légation d'Angleterre, en feuilletant les admirables albums de M. Wyse : elle se voyait transportée sans transition au milieu d'un paysage affreux et d'une horde de sauvages, et elle n'avait pas la consolation de se dire : « C'est un rêve; » car elle n'était ni couchée, ni assise, mais debout, au grand désespoir de ses petits pieds.

Une nouvelle troupe survint, qui rendit notre position intolérable. Ce n'était pas une troupe de brigands; c'était bien pis. Les Grecs portent sur eux toute une ménagerie de petits animaux agiles, capricieux, insaisissables, qui leur tiennent compagnie nuit et jour, les occupent jusque dans le sommeil, et, par leurs bonds et leurs piqûres, accélèrent le mouvement des esprits et la circulation du sang. Les puces des brigands, dont je puis vous montrer quelques échantillons dans ma collection entomologique, sont plus rustiques, plus fortes et plus agiles que celles des citadins : le grand air a des vertus si puissantes ! Mais je m'aperçus trop tôt qu'elles n'étaient pas contentes de leur sort et qu'elles trouvaient plus de régal sur la peau fine d'un jeune Allemand que sur le cuir tanné de leurs maîtres. Une émigration armée se dirigea sur mes jambes. Je sentis d'abord une vive démangeaison autour des chevilles : c'était la déclaration de guerre. Dix minutes plus tard, une division d'avant-garde se jeta sur le mollet droit. J'y portai vivement la main. Mais, à la faveur de cette diversion, l'ennemi s'avançait à marches forcées vers mon aile gauche et prenait position sur les hauteurs du genou. J'étais débordé, et toute résistance devenait inutile. Si j'avais été seul, dans un coin écarté, j'aurais tenté avec quelque succès la guerre d'escarmouches. Mais la belle Mary-Ann était devant moi, rouge comme une cerise, et tourmentée peut-être aussi par quelque ennemi secret. Je n'osais ni me plaindre ni me défendre; je dévorai héroïquement mes douleurs sans lever les yeux sur miss Simons; et je souffrais pour elle un martyre dont on ne me saura jamais gré. Enfin, à bout de patience et décidé à me soustraire par la fuite au flot montant des invasions, je demandai à comparaître devant le Roi. Ce mot rappela nos guides à leur devoir.

Ils demandèrent où était Hadgi-Stavros. On leur répondit qu'il travaillait dans ses bureaux.

« Enfin, dit Mme Simons, je pourrai donc m'asseoir dans un fauteuil. »

Elle prit mon bras, offrit le sien à sa fille, et marcha d'un pas délibéré dans la direction où la foule nous conduisait. Les bureaux n'étaient pas loin du camp, et nous y fûmes en moins de cinq minutes.

Les bureaux du Roi ressemblaient à des bureaux comme le camp des voleurs ressemblait à un camp. On n'y voyait ni tables, ni chaises, ni mobilier d'aucune sorte. Hadgi-Stavros était assis en tailleur, sur un tapis carré, à l'ombre d'un sapin. Quatre secrétaires et deux domestiques se groupaient autour de lui. Un jeune garçon de seize à dix-huit ans s'occupait incessamment à remplir, à allumer et à nettoyer le chibouk du maître. Il portait à la ceinture un sac à tabac, brodé d'or et de perles fines, et une pince d'argent destinée à prendre les charbons. Un autre serviteur passait la journée à préparer les tasses de café, les verres d'eau et les sucreries destinés à rafraîchir la bouche royale. Les secrétaires, assis à cru sur le rocher, écrivaient sur leurs genoux avec des roseaux taillés. Chacun d'eux avait à portée de la main une longue boîte de cuivre contenant les roseaux, le canif et l'écritoire. Quelques cylindres de fer-blanc, pareils à ceux où nos soldats roulent leur congé, servaient de dépôt des archives. Le papier n'était pas indigène, et pour cause. Chaque feuille portait le mot BATH en majuscules.

Le Roi était un beau vieillard, merveilleusement conservé, droit, maigre, souple comme un ressort, propre et luisant comme un sabre neuf. Ses longues moustaches blanches pendaient sous le menton comme deux stalactites de marbre. Le reste du visage était scrupuleusement rasé, le crâne nu jusqu'à l'occiput, où une grande tresse de cheveux blancs s'enroulait sous le bonnet. L'expression de ses traits me parut calme et réfléchie. Une paire de petits yeux bleu clair et un menton carré annonçaient une volonté inébranlable. Sa figure était longue, et la disposition des rides l'allongeait encore. Tous les plis du front se brisaient par le milieu et semblaient se diriger vers la rencontre des sourcils; deux sillons larges et profonds descendaient perpendiculairement à la commissure des lèvres, comme si le poids des moustaches eût entraîné les muscles de la face. J'ai vu bon nombre de septuagénaires; j'en ai même disséqué un qui aurait attrapé la centaine si la diligence d'Osnabruck ne lui eût passé sur le corps; mais je ne me souviens pas d'avoir observé une vieillesse plus verte et plus robuste que celle d'Hadgi-Stavros.

Il portait l'habit de Tino et de toutes les îles de l'Archipel. Son bonnet rouge formait un large pli à sa base autour du front. Il avait la veste de drap noir, soutachée de soie noire, l'immense pantalon bleu qui absorbe plus de vingt mètres de cotonnade, et les grandes bottes en cuir de Russie, souple et solide. La seule richesse de son costume était une ceinture brodée d'or et de pierreries, qui pouvait valoir deux ou trois mille francs. Elle enserrait dans ses plis une bourse de cachemire brodée, un cangiar de Damas dans un fourreau d'argent, un long pistolet monté en or et en rubis, et la baguette assortissante.

Immobile au milieu de ses employés, Hadgi-

Stavros ne remuait que le bout des doigts et le bout des lèvres : les lèvres pour dicter sa correspondance, les doigts pour compter les grains de son chapelet. C'était un de ces beaux chapelets d'ambre laiteux qui ne servent point à chiffrer des prières, mais à amuser l'oisiveté solennelle des Turcs.

Il leva la tête à notre approche, devina d'un coup d'œil l'accident qui nous amenait, et nous dit avec une gravité qui n'avait rien d'ironique :
« Vous êtes les bienvenus. Asseyez-vous.

— Monsieur, cria Mme Simons, je suis Anglaise, et... »

Il interrompit le discours en faisant claquer sa langue contre les dents de sa mâchoire supérieure, des dents superbes en vérité. « Tout à l'heure, dit-il, je suis occupé. » Il n'entendait que le grec, et Mme Simons ne savait que l'anglais; mais la physionomie du Roi était si parlante, que la bonne dame comprit aisément sans le secours d'un interprète.

Nous prîmes place dans la poussière. Quinze ou vingt brigands s'accroupirent autour de nous, et le Roi, qui n'avait point de secrets à cacher, dicta paisiblement ses lettres de famille et ses lettres d'affaires. Le chef de la troupe qui nous avait arrêtés vint lui donner un avis à l'oreille. Il répondit d'un ton hautain : « Qu'importe, quand le milord comprendrait? Je ne fais rien de mal, et tout le monde peut m'entendre. Va t'asseoir. — Toi, Spiro, écris : c'est à ma fille. »

Il se moucha fort adroitement dans ses doigts, et dicta d'une voix grave et douce :
« *Mes chers yeux* (ma chère enfant), la maîtresse de pension m'a écrit que ta santé était

raffermie et que ce méchant rhume était parti avec les jours d'hiver. Mais on n'est pas aussi content de ton application, et l'on se plaint que tu n'étudies plus guère depuis le commencement du mois d'avril. Mme Mavros dit que tu deviens distraite et que l'on te voit accoudée sur ton livre, les yeux en l'air, comme si tu pensais à autre chose. Je ne saurais trop te dire qu'il faut travailler assidûment. Suis les exemples de toute ma vie. Si je m'étais reposé, comme tant d'autres, je ne serais pas arrivé au rang que j'occupe dans la société. Je veux que tu sois digne de moi, et c'est pourquoi je fais de si grands sacrifices pour ton éducation. Tu sais si je t'ai jamais refusé les maîtres ou les livres que tu m'as demandés; mais il faut que mon argent profite. Le Walter Scott est arrivé au Pirée, ainsi que le *Robinson* et tous les livres anglais que tu as témoigné le désir de lire : fais-les prendre à la douane par nos amis de la rue d'Hermès. Tu recevras par la même occasion le bracelet que tu demandais et cette machine d'acier pour faire bouffer les jupes de tes robes. Si ton piano de Vienne n'est pas bon, comme tu me le dis, et qu'il te faille absolument un instrument de Pleyel, tu l'auras. Je *ferai* un ou deux villages après la vente des récoltes, et le diable sera bien malin si je n'y trouve pas la monnaie d'un joli piano. Je pense, comme toi, que tu as besoin de savoir la musique; mais ce que tu dois apprendre avant tout, c'est les langues étrangères. Emploie tes dimanches de la façon que je t'ai dit, et profite de la complaisance de nos amis. Il faut que tu sois en état de parler le français, l'anglais et surtout l'allemand. Car enfin tu n'es pas faite pour vivre dans ce petit pays ridicule, et j'aimerais mieux te voir morte que mariée à un Grec. Fille de roi, tu ne peux épouser qu'un prince. Je ne dis pas un prince de contrebande, comme tous nos Phanariotes qui se vantent de descendre des empereurs d'Orient, et dont je ne voudrais pas pour mes domestiques, mais un prince régnant et couronné. On en trouve de fort convenables en Allemagne, et ma fortune me permet de t'en choisir un. Si les Allemands ont pu venir régner chez nous, je ne vois pas pourquoi tu n'irais pas régner chez eux à ton tour. Hâte-toi donc d'apprendre leur langue, et dis-moi dans ta prochaine lettre que tu as fait des progrès. Sur ce, mon enfant, je t'embrasse bien tendrement, et je t'envoie, avec le trimestre de ta pension, mes bénédictions paternelles. »

Mme Simons se pencha vers moi et me dit à l'oreille : « Est-ce notre sentence qu'il dicte à ses brigands ? »

Je répondis : « Non, madame. Il écrit à sa fille.

— A propos de notre capture ?

— A propos de piano, de crinoline et de Walter Scott.

— Cela peut durer longtemps. Va-t-il nous inviter à déjeuner ?

— Voici déjà son domestique qui nous apporte des rafraîchissements. »

Le *cafedgi* du Roi se tenait devant nous avec trois tasses à café, une boîte de rahat-loukoum et un pot de confitures. Mme Simons et sa fille rejetèrent le café avec dégoût, parce qu'il était préparé à la turque et trouble comme une bouillie. Je vidai ma tasse en vrai gourmet de l'Orient. Les confitures, qui étaient du sorbet à la rose, n'obtinrent qu'un succès d'estime, parce que nous étions forcés de les manger tous trois avec une seule cuiller. Les délicats sont malheureux dans ce pays de bonhomie. Mais le rahat-loukoum, découpé en morceaux, flatta le palais de ces dames sans trop choquer leurs habitudes. Elles prirent à belles mains cette gelée d'amidon parfumé, et vidèrent la boîte jusqu'au fond, tandis que le Roi dictait la lettre suivante :

« MM. Barley et Cie, 31, Cavendish-Square,
à Londres.

« J'ai vu par votre honorée du 5 avril et le compte courant qui l'accompagne, que j'ai présentement 22.750 livres sterling à mon crédit. Il vous plaira placer ces fonds, moitié en trois pour cent anglais, moitié en actions du Crédit mobilier, avant que le coupon soit détaché. Vendez mes actions de la Banque royale britannique : c'est une valeur qui ne m'inspire plus autant de confiance. Prenez-moi, en échange, des Omnibus de Londres. Si vous trouvez 15.000 livres de ma maison du Strand (elle les valait en 1852), vous m'achèterez de la Vieille-Montagne pour une somme égale. Envoyez chez les frères Rhalli 100 guinées (2.645 fr.) : c'est ma souscription pour l'école hellénique de Liverpool. J'ai pesé sérieusement la proposition que vous m'avez fait l'honneur de me soumettre, et, après mûres réflexions, j'ai résolu de persister dans ma ligne de conduite et de faire les affaires exclusivement au comptant. Les marchés à terme ont un caractère aléatoire qui doit mettre en défiance tout bon père de famille. Je sais bien que vous n'exposeriez mes capitaux qu'avec la prudence qui a toujours distingué votre maison; mais quand même les bénéfices dont vous me parlez seraient certains, j'éprouverais, je l'avoue, une certaine répugnance à léguer à mes héritiers une fortune augmentée par le jeu.

« Agréez, etc.

« Hadgi-Stavros, propriétaire. »

« Est-il question de nous? me dit Mary-Ann.

— Pas encore, mademoiselle. Sa Majesté aligne des chiffres.

— Des chiffres ici? Je croyais qu'on n'en faisait que chez nous.

— Monsieur votre père n'est-il pas l'associé d'une maison de banque?

— Oui; de la maison Barley et Cie.

— Y a-t-il deux banquiers du même nom à Londres?

— Pas que je sache.

— Avez-vous entendu dire que la maison Barley fît des affaires avec l'Orient?

— Mais avec le monde entier!

— Et vous habitez Cavendish-Square?

— Non, il n'y a que les bureaux. Notre maison est dans Piccadilly.

— Merci, mademoiselle. Permettez-moi d'écouter la suite. Ce vieillard a une correspondance des plus attachantes. »

Le Roi dicta, sans désemparer, un long rapport aux actionnaires de sa bande. Ce curieux document était adressé à M. Georges Micrommati, officier d'ordonnance, au palais, pour qu'il en donnât lecture dans l'assemblée générale des intéressés.

Compte rendu des opérations de la Compagnie Nationale du Roi des montagnes.
Exercice 1855-56

« Camp du roi, 30 avril 1856.

« Messieurs,

« Le gérant que vous avez honoré de votre confiance vient aujourd'hui, pour la quatorzième fois, soumettre à votre approbation le résumé de ses travaux de l'année. Depuis le jour où l'acte constitutif de notre société fut signé en l'étude de maître Tsappas, notaire royal à Athènes, jamais notre entreprise n'a rencontré plus d'obstacles, jamais la marche de nos travaux n'a été entravée par de plus sérieuses difficultés. C'est en présence d'une occupation étrangère, sous les yeux de deux armées, sinon hostiles, au moins malveillantes, qu'il a fallu maintenir le jeu régulier d une institution éminemment nationale. Le Pirée envahi militairement, la frontière de Turquie surveillée avec une jalousie qui n'a pas de précédents dans l'histoire, ont restreint notre activité dans un cercle étroit, et imposé à notre zèle des limites infranchissables. Dans cette zone rétrécie, nos ressources étaient encore réduites par la pénurie générale, la rareté de l'argent, l'insuffisance des récoltes. Les oliviers n'ont pas tenu ce qu'ils promettaient, le rendement des céréales a été médiocre, et la vigne n'est pas encore délivrée de l'oïdium. Dans ces circonstances, il était bien difficile de profiter de la tolérance des autorités et de la douceur d'un gouvernement paternel. Notre entreprise est liée si étroitement aux intérêts du pays, qu'elle ne peut fleurir que dans la prospérité générale, et qu'elle ressent le contre-coup de toutes les calamités publiques; car à ceux qui n'ont rien on ne prend rien, ou peu de chose.

« Les voyageurs étrangers, dont la curiosité est si utile au royaume et à nous, ont été fort rares.

Les touristes anglais, qui composaient autrefois une branche importante de notre revenu, ont manqué totalement. Deux jeunes Américains arrêtés sur la route du Pentélique nous ont fait tort de leur rançon. Un esprit de défiance, alimenté par quelques gazettes de France et d'Angleterre, écarte de nous les gens dont la capture nous serait utile.

« Et cependant, messieurs, telle est la vitalité de notre institution, qu'elle a mieux résisté à cette crise fatale que l'agriculture, l'industrie et le commerce. Vos capitaux confiés en mes mains ont profité, non pas autant que je l'aurais voulu, mais beaucoup mieux que personne ne pouvait l'espérer. Je n'en dirai pas plus long; je laisse parler les chiffres. L'arithmétique est plus éloquente que Démosthène.

« Le capital social, limité d'abord au chiffre modeste de 50.000 fr., s'est élevé à 120.000 par trois émissions successives d'actions de 500 fr.

« Nos recettes brutes, du 1er mai 1855 au 30 avril 1856, se montent à la somme de 261.482 fr.

« Nos dépenses se divisent comme il suit :

Dîme payée aux églises et monastères ....Fr.	26.148 »
Intérêt du capital au taux légal de 10 pour 100...........................	12.000 »
Solde et nourriture de 80 hommes à 650 franc l'un........................	52.000 »
Matériel, armes, etc.............	7.056 »
Réparation de la route de Thèbes, qui était devenue impraticable et où l'on ne trouvait plus de voyageurs à arrêter	2.540 »
A reporter...................	99.744 »

Report	99.744 »
Frais de surveillance sur les grands chemins	5.835 »
Frais de bureau................	3 »
Subvention de quelques journalistes	11.900 »
Encouragements à divers employés de l'ordre administratif et judiciaire	18.000 »
Total	135.482 »
Si l'on déduit cette somme du chiffre brut de nos recettes, on trouve un bénéfice net de................	126.000 »

Conformément aux statuts, cet excédent est réparti comme il suit :

Fonds de réserve déposé à la banque d'Athènes	6.000 »
Tiers attribué au gérant.........	40.000 »
A partager entre les actionnaires.	80.000 »

Soit 333 fr. 33 par action.

« Ajoutez à ces 333 fr. 33, 50 francs d'intérêt et 25 francs du fonds de réserve, et vous aurez un total de 408 fr. 33 par action. Votre argent est donc placé à près de 82 pour 100.

« Tels sont, messieurs, les résultats de la dernière campagne. Jugez maintenant de l'avenir qui nous est réservé le jour où l'occupation étrangère cessera de peser sur notre pays et sur nos opérations ! »

Le Roi dicta ce rapport sans consulter de notes, sans hésiter sur un chiffre et sans chercher un mot. Je n'aurais jamais cru qu'un vieillard de son âge pût avoir la mémoire aussi présente. Il apposa son cachet au bas des trois lettres; c'est sa manière de signer. Il lit couramment; mais il n'a jamais trouvé le temps d'apprendre à écrire.

Charlemagne et Alfred le Grand étaient, dit-on, dans le même cas.

Tandis que les sous-secrétaires d'Etat s'occupaient à transcrire sa correspondance du jour pour la déposer aux archives, il donna audience aux officiers subalternes qui étaient revenus avec leurs détachements dans la journée. Chacun de ses hommes s'asseyait devant lui, le saluait en appuyant la main droite sur le cœur et faisait son rapport en peu de mots, avec une concision respectueuse. Je vous jure que saint Louis, sous son chêne, n'inspirait pas une vénération plus profonde aux habitants de Vincennes.

Le premier qui se présenta fut un petit homme de mauvaise mine; vraie figure de Cour d'assises. C'était un insulaire de Corfou, poursuivi pour quelques incendies : il avait été le bienvenu, et ses talents l'avaient fait monter en grade. Mais son chef et ses soldats le tenaient en médiocre estime. On le soupçonnait de détourner à son profit une partie du butin. Or, le Roi était intraitable sur le chapitre de la probité. Lorsqu'il prenait un homme en faute, il l'expulsait ignominieusement et lui disait avec une ironie accablante : « Va te faire magistrat! »

Hadgi-Stavros demanda au Corfiote : « Qu'as-tu fait?

— Je me suis rendu, avec mes quinze hommes, au ravin des Hirondelles, sur la route de Thèbes. J'ai rencontré un détachement de la ligne : vingt-cinq soldats.

— Où sont leurs fusils?

— Je les leur ai laissés. Tous fusils à piston qui ne nous auraient pas servi, faute de capsules.

— Bon. Ensuite?

— C'était jour de marché : j'ai arrêté ceux qui revenaient.

— Combien?

— Cent quarante-deux personnes.

— Et tu rapportes?

— Mille six francs quarante-trois centimes.

— Sept francs par tête! C'est peu.

— C'est beaucoup. Des paysans!

— Ils n'avaient donc pas vendu leurs denrées?

— Les uns avaient vendu, les autres avaient acheté. »

Le Corfiote ouvrit un sac pesant qu'il portait sous le bras; il en répandit le contenu devant les secrétaires, qui se mirent à compter la somme. La recette se composait de trente ou quarante piastres mexicaines, de quelques poignées de zwanzigs autrichiens et d'une énorme quantité de billon. Quelques papiers chiffonnés se poursuivaient au milieu de la monnaie.

« Tu n'as pas de bijoux? demanda le Roi.

— Non.

— Il n'y avait donc pas de femmes?

— Je n'ai rien trouvé qui valût la peine d'être rapporté.

— Qu'est-ce que je vois à ton doigt?

— Une bague.

— En or?

— Ou en cuivre; je n'en sais rien.

— D'où vient-elle?

— Je l'ai achetée il y a deux mois.

— Si tu l'avais achetée, tu saurais si elle est en cuivre ou en or. Donne-la! »

Le Corfiote se dépouilla de mauvaise grâce. La bague fut immédiatement encaissée dans un petit coffre plein de bijoux.

« Je te pardonne, dit le Roi, en faveur de ta mauvaise éducation. Les gens de ton pays déshonorent le vol en y mêlant la friponnerie. Si je n'avais que des Ioniens dans ma troupe, je serais obligé de faire mettre des tourniquets sur les chemins, comme aux portes de l'Exposition de Londres, pour compter les voyageurs et recevoir l'argent. À un autre ! »

Celui qui vint ensuite était un gros garçon bien portant, de la physionomie la plus avenante. Ses yeux ronds, à fleur de tête, respiraient la droiture et la bonhomie. Ses lèvres entr'ouvertes laissaient voir, à travers leur sourire, deux rangées de dents magnifiques; il me séduisit au premier coup d'œil, et je me dis que, s'il s'était fourvoyé en mauvaise compagnie, il ne manquerait pas de rentrer un jour ou l'autre dans le bon chemin. Ma figure lui plut aussi, car il me salua très poliment avant de s'asseoir devant le Roi.

Hadgi-Stavros lui dit : « Qu'as-tu fait, mon Vasile ?

— Je suis arrivé hier soir avec mes six hommes à Pigadia, le village du sénateur Zimbélis.

— Bien.

— Zimbélis était absent, comme toujours; mais ses parents, ses fermiers et ses locataires étaient tous chez eux, et couchés.

— Bien.

— Je suis entré au khan; j'ai réveillé le khangi; je lui ai acheté vingt-cinq bottes de paille, et, pour payement, je l'ai tué.

— Bien.

— Nous avons porté la paille au pied des maisons, qui sont toutes en planches ou en osier, et nous avons mis le feu en sept endroits à la fois.

Les allumettes étaient bonnes : le vent venait du nord, tout a pris.

— Bien.

— Nous nous sommes retirés doucement vers les puits. Tout le village s'est éveillé à la fois en criant. Les hommes sont venus avec leurs seaux de cuir pour chercher de l'eau. Nous en avons noyé quatre que nous ne connaissions pas; les autres se sont sauvés.

— Bien.

— Nous sommes retournés au village. Il n'y avait plus personne qu'un enfant oublié par ses parents et qui criait comme un petit corbeau tombé du nid. Je l'ai jeté dans une maison qui brûlait, et il n'a plus rien dit.

— Bien.

— Alors nous avons pris des tisons et nous avons mis le feu aux oliviers. La chose a bien réussi. Nous nous sommes remis en route vers le camp; nous avons soupé et couché à moitié chemin, et nous sommes rentrés à neuf heures, tous bien portants, sans une brûlure.

— Bien. Le sénateur Zimbélis ne fera plus de discours contre nous. A un autre ! »

Vasile se retira en me saluant aussi poliment que la première fois; mais je ne lui rendis pas son salut.

Il fut aussitôt remplacé par le grand diable qui nous avait pris. Par un singulier caprice du hasard, le premier auteur du drame où j'étais appelé à jouer un rôle se nommait Sophoclis. Au moment où il commença son rapport, je sentis quelque chose de froid couler dans mes veines. Je suppliai Mme Simons de ne pas risquer une parole imprudente. Elle me répondit qu'elle était Anglaise et qu'elle savait se conduire. Le Roi nous pria de nous taire et de laisser la parole à l'orateur.

Il étala d'abord les biens dont il nous avait dépouillés, puis il tira de sa ceinture quarante ducats d'Autriche, qui faisaient une somme de quatre cent soixante-dix francs, au cours de 11 fr. 75.

« Les ducats dit-il, viennent du village de Castia; le reste m'a été donné par les milords. Tu m'avais dit de battre les environs; j'ai commencé par le village.

— Tu as mal fait, répondit le Roi. Les gens de Castia sont nos voisins, il fallait les laisser. Comment vivrons-nous en sûreté, si nous nous faisons des ennemis à notre porte? D'ailleurs, ce sont de braves gens, qui peuvent nous donner un coup de main à l'occasion.

— Oh! je n'ai rien pris aux charbonniers! Ils ont disparu dans les bois sans me laisser le temps de leur parler. Mais le parèdre avait la goutte; je l'ai touvé chez lui.

— Qu'est-ce que tu lui as dit?

— Je lui ai demandé de l'argent; il a soutenu qu'il n'en avait pas. Je l'ai enfermé dans un sac avec son chat; et je ne sais pas ce que le chat lui a fait, mais il s'est mis à crier que son trésor était derrière la maison, sous une grosse pierre. C'est là que j'ai trouvé les ducats.

— Tu as eu tort. Le parèdre ameutera tout le village contre nous.

— Oh non! En le quittant, j'ai oublié d'ouvrir le sac, et le chat doit lui avoir mangé les yeux.

— A la bonne heure!... Mais entendez-moi bien tous : je ne veux pas qu'on inquiète nos voisins. Retire-toi. »

Notre interrogatoire allait commencer. Hadgi-Stavros, au lieu de nous faire comparaître devant lui, se leva gravement et vint s'asseoir à terre auprès de nous. Cette marque de déférence nous parut d'un favorable augure. Mme Simons se mit en devoir de l'interpeller de la bonne sorte. Pour moi, prévoyant trop bien ce qu'elle pourrait dire, et connaissant l'intempérance de sa langue, j'offris au Roi mes services en qualité d'interprète. Il me remercia froidement et appela le Corfiote, qui savait l'anglais.

« Madame, dit le Roi à mistress Simons, vous semblez courroucée. Auriez-vous à vous plaindre des hommes qui vous ont conduite ici?

— C'est une horreur! dit-elle. Vos coquins m'ont arrêtée, jetée dans la poussière, dépouillée, exténuée et affamée.

— Veuillez agréer mes excuses. Je suis forcé d'employer des hommes sans éducation. Croyez, madame, que ce n'est pas sur mes ordres qu'ils ont agi ainsi. Vous êtes Anglaise?

— Anglaise de Londres!

— Je suis allé à Londres; je connais et j'estime les Anglais. Je sais qu'ils ont bon appétit, et vous avez pu remarquer que je me suis empressé de vous offrir des rafraîchissements. Je sais que les dames de votre pays n'aiment pas à courir dans les rochers, et je regrette qu'on ne vous ait pas laissée marcher à votre pas. Je sais que les personnes de votre nation n'emportent en voyage que les effets qui leur sont nécessaires, et je ne pardonnerai pas à Sophoclis de vous avoir dépouillée, surtout si vous êtes une personne de condition.

— J'appartiens à la meilleure société de Londres.

— Daignez reprendre ici l'argent qui est à vous. Vous êtes riche?

— Assurément.

— Ce nécessaire n'est-il pas de vos bagages?

— Il est à ma fille.

— Reprenez également ce qui est à mademoiselle votre fille. Vous êtes très riche?

— Très riche.

— Ces objets n'appartiennent-ils point à monsieur votre fils?

— Monsieur n'est pas mon fils; c'est un Allemand. Puisque je suis Anglaise, comment pourrais-je avoir un fils allemand?

— C'est trop juste. Avez-vous bien vingt mille francs de revenu?

— Davantage.

— Un tapis à ces dames! Etes-vous donc riches à trente mille francs de rente.

— Nous avons mieux que cela?

— Sophoclis est un manant que je corrigerai. Logothète, dis qu'on prépare le dîner de ces dames. Serait-il possible, madame, que vous fussiez millionnaire?

— Je le suis.

— Et moi je suis confus de la manière dont on vous a traitée. Vous avez assurément de belles connaissances à Athènes?

— Je connais le ministre d'Angleterre, et si vous vous étiez permis!...

— Oh! madame!... Vous connaissez aussi des commerçants, des banquiers?

— Mon frère, qui est à Athènes, connaît plusieurs banquiers de la ville.

— J'en suis ravi. Sophoclis, viens ici! Demande pardon à ces dames. »

Sophoclis marmotta entre ses dents je ne sais quelles excuses. Le Roi reprit :

« Ces dames sont des Anglaises de distinction; elles ont plus d'un million de fortune; elles sont reçues à l'ambassade d'Angleterre; leur frère, qui est à Athènes, connaît tous les banquiers de la ville.

— A la bonne heure ! » s'écria Mme Simons. Le Roi poursuivit :

« Tu devais traiter ces dames avec tous les égards dus à leur fortune.

— Bien ! dit Mme Simons.

— Les conduire ici doucement.

— Pourquoi faire ? murmura Mary-Ann.

— Et t'abstenir de toucher à leur bagage. Lorsqu'on a l'honneur de rencontrer dans la montagne deux personnes du rang de ces dames, on les salue avec respect, on les amène au camp avec déférence, on les garde avec circonspection, et on leur offre poliment toutes les choses nécessaires à la vie, jusqu'à ce que leur frère ou leur ambassadeur nous envoie une rançon de cent mille francs. »

Pauvre Mme Simons ! chère Mary-Ann ! Elles ne s'attendaient ni l'une ni l'autre à cette conclusion. Pour moi, je n'en fus pas surpris. Je savais à quel rusé coquin nous avions affaire. Je pris hardiment la parole, et je lui dis à brûle-pourpoint : « Tu peux garder ce que tes hommes m'ont volé, car c'est tout ce que tu auras de moi. Je suis pauvre, mon père n'a rien, mes frères mangent souvent leur pain sec, je ne connais ni banquiers ni ambassadeurs, et si tu me nourris dans l'espoir d'une rançon, tu en seras pour tes frais, je te le jure ! »

Un murmure d'incrédulité s'éleva dans l'auditoire, mais le Roi parut me croire sur parole.

« S'il en est ainsi, me dit-il, je ne ferai pas la faute de vous garder ici malgré vous. J'aime mieux vous renvoyer à la ville. Madame vous confiera une lettre pour monsieur son frère, et vous partirez aujourd'hui même. Si cependant vous aviez besoin de rester un jour ou deux dans la montagne, je vous offrirais l'hospitalité; car je suppose que vous n'êtes pas venu jusqu'ici avec cette grande boîte pour regarder le paysage. »

Ce petit discours me procura un soulagement notable. Je promenai autour de moi un regard de satisfaction. Le Roi, ses secrétaires et ses soldats me parurent beaucoup moins terribles; les rochers voisins me semblèrent plus pittoresques, depuis que je les envisageais avec les yeux d'un hôte et non d'un prisonnier. Le désir que j'avais de voir Athènes se calma subitement, et je me fis à l'idée de passer deux ou trois jours dans la montagne. Je sentais que mes conseils ne seraient pas inutiles à la mère de Mary-Ann. La bonne dame était dans un état d'exaltation qui pouvait la perdre. Si par aventure elle s'obstinait à refuser la rançon! Avant que l'Angleterre vînt à son secours, elle avait le temps d'attirer quelque malheur sur une tête charmante. Je ne pouvais m'éloigner d'elle sans lui raconter, pour sa gouverne, l'histoire des petites filles de Mistra. Que vous dirai-je encore? Vous savez ma passion pour la botanique. La flore du Parnès est bien séduisante à la fin d'avril. On trouve dans la montagne cinq ou six plantes aussi rares que célèbres. Une surtout : la *Boryana variabilis*, découverte et baptisée par M. Bory de Saint-Vincent. Devais-je laisser une telle lacune dans mon herbier et me présenter au muséum de Hambourg sans la *Boryana variabilis?*

Je répondis au Roi : « J'accepte ton hospitalité, mais à une condition.

— Laquelle ?

— Tu me rendras ma boîte.

— Eh bien, soit ! mais à une condition aussi.

— Voyons !

— Vous me direz à quoi elle vous sert.

— Qu'à cela ne tienne ! Elle me sert à loger les plantes que je recueille.

— Et pourquoi cherchez-vous des plantes ? Pour les vendre ?

— Fi donc ! Je ne suis pas un marchand ; je suis un savant. »

Il me tendit la main et me dit avec une joie visible : « J'en suis charmé. La science est une belle chose. Nos aïeux étaient savants ; nos petits-fils le seront peut-être. Quant à nous, le temps nous a manqué. Les savants sont très estimés dans votre pays ?

— Infiniment.

— On leur donne de belles places ?

— Quelquefois.

— On les paye bien ?

— Assez.

— On leur attache de petits rubans sur la poitrine ?

— De temps en temps.

— Est-il vrai que les villes se disputent à qui les aura ?

— Cela est vrai en Allemagne.

— Et qu'on regarde leur mort comme une calamité publique ?

— Assurément.

— Ce que vous dites me fait plaisir. Ainsi vous n'avez pas à vous plaindre de vos concitoyens ?

— Bien au contraire ! C'est leur libéralité qui m'a permis de venir en Grèce.

— Vous voyagez à leurs frais?

— Depuis six mois.

— Vous êtes donc bien instruit?

— Je suis docteur.

— Y a-t-il un grade supérieur dans la science?

— Non.

— Et combien compte-t-on de docteurs dans la ville que vous habitez?

— Je ne sais pas au juste, mais il n'y a pas autant de docteurs à Hambourg que de généraux à Athènes.

— Oh! Oh! je ne priverai pas votre pays d'un homme si rare. Vous retournerez à Hambourg, monsieur le docteur. Que dirait-on là-bas si l'on apprenait que vous êtes prisonnier dans nos montagnes?

— On dirait que c'est un malheur.

— Allons! Plutôt que de perdre un homme tel que vous, la ville de Hambourg fera bien un sacrifice de quinze mille francs. Reprenez votre boîte, courez, cherchez, herborisez et poursuivez le cours de vos études. Pourquoi ne remettez-vous pas cet argent dans votre poche? Il est à vous et je respecte trop les savants pour les dépouiller. Mais votre pays est assez riche pour payer sa gloire. Heureux jeune homme! Vous reconnaissez aujourd'hui combien le titre de docteur ajoute à votre valeur personnelle! Je n'aurais pas demandé un centime de rançon si vous aviez été un ignorant comme moi. »

Le Roi n'écouta ni mes objections ni les interjections de Mme Simons. Il leva la séance, et nous montra du doigt notre salle à manger. Mme Simons y descendit en protestant qu'elle dévorerait le repas, mais qu'elle ne payerait jamais la carte. Mary-Ann semblait fort abattue; mais telle est la mobilité de la jeunesse, qu'elle poussa un cri de joie en voyant le lieu de plaisance où notre couvert était mis. C'était un petit coin de verdure enchâssé dans la roche grise. Une herbe fine et serrée formait le tapis; quelques massifs de troènes et de lauriers servaient de tentures et cachaient les murailles à pic. Une belle voûte bleue s'étendait sur nos têtes; deux vautours au long col qui planaient dans l'air semblaient avoir été suspendus pour le plaisir des yeux. Dans un coin de la salle une source limpide comme le diamant se gonflait silencieusement dans sa coupe rustique, se répandait par-dessus les bords et roulait en nappe argentée sur le revers glissant de la montagne. De ce côté, la vue s'étendait à l'infini vers le fronton du Pentélique, le gros palais blanc qui règne sur Athènes, les bois d'oliviers sombres, la plaine poudreuse, le dos grisonnant de l'Hymette, arrondi comme l'échine d'un vieillard, et cet admirable golfe Saronique, si bleu qu'on dirait un lambeau tombé du ciel. Assurément, Mme Simons n'avait pas l'esprit tourné à l'admiration, et pourtant elle avoua que le loyer d'une vue si belle coûterait cher à Londres ou à Paris.

La table était servie avec une simplicité héroïque. Un pain bis, cuit au four de campagne, fumait sur le gazon et saisissait l'odorat par sa vapeur capiteuse. Le lait caillé tremblait dans une jatte de bois. Les grosses olives et les piments verts s'entassaient sur des planchettes mal équarries. Une outre velue gonflait son large ventre auprès d'une coupe de cuivre rouge naïvement ciselée. Un fromage de brebis reposait sur le linge qui l'avait pressé, et dont il gardait encore l'empreinte. Cinq ou six laitues appétissantes nous offraient une belle salade, mais sans aucun assaisonnement. Le Roi avait mis à notre disposition son argenterie de campagne, consistant en cuillers sculptées à coups de couteau, et nous avions, pour surcroît de luxe, la fourchette de nos cinq doigts. On n'avait pas poussé la tolérance jusqu'à nous servir de la viande, mais en revanche le tabac doré d'Almyros me promettait une admirable digestion.

Un officier du Roi était chargé de nous servir et de nous écouter. C'était ce hideux Corfiote, l'homme à la bague d'or, qui savait l'anglais. Il découpa le pain avec son poignard, et nous distribua de tout à pleines mains, en nous priant de ne rien ménager. Mme Simons, sans perdre un coup de dent, lui lança quelques interrogations hautaines. « Monsieur, lui dit-elle, est-ce que votre maître a cru sérieusement que nous lui paierions une rançon de cent mille francs ?

— Il en est sûr, madame.

— C'est qu'il ne connaît pas la nation anglaise.

— Il la connaît bien, madame, et moi aussi. A Corfou j'ai fréquenté plusieurs Anglais de distinction : des juges !

— Je vous en fais mon compliment ; mais dites à ce Stavros de s'armer de patience, car il attendra longtemps les cent mille francs qu'il s'est promis.

— Il m'a chargé de vous dire qu'il les attendrait jusqu'au 15 mai, à midi juste.

— Et si nous n'avons pas payé le 15 à midi ?

— Il aura le regret de vous couper le cou, ainsi qu'à mademoiselle. »

Mary-Ann laissa tomber le pain qu'elle portait à sa bouche. « Donnez-moi à boire un peu de vin, » dit-elle. Le brigand lui tendit la coupe pleine; mais à peine y eut-elle trempé ses lèvres, qu'elle laissa échapper un cri de répugnance et d'effroi. La pauvre enfant s'imagina que le vin était empoisonné. Je la rassurai en vidant la coupe d'un seul trait. « Ne craignez rien, lui dis-je; c'est la résine.

— Quelle résine?

— Le vin ne se conserverait pas dans les outres si l'on n'y ajoutait une certaine dose de résine, qui l'empêche de se corrompre. Ce mélange ne le rend pas agréable, mais vous voyez qu'on le boit sans danger. »

Malgré mon exemple, Mary-Ann et sa mère se firent apporter de l'eau. Le brigand courut à la source et revint en trois enjambées. « Vous comprenez, mesdames, dit-il en souriant, que le Roi ne ferait pas la faute d'empoisonner des personnes aussi chères que vous. » Il ajouta, en se tournant vers moi : « Vous, monsieur le docteur, j'ai ordre de vous apprendre que vous avez trente jours pour terminer vos études et payer la somme. Je vous fournirai, ainsi qu'à ces dames, tout ce qu'il faut pour écrire.

— Merci, dit Mme Simons. Nous y penserons dans huit jours, si nous ne sommes pas délivrées.

— Et par qui, madame?

— Par l'Angleterre!

— Elle est loin.

— Ou par la gendarmerie.

— C'est la grâce que je vous souhaite. En attendant, désirez-vous quelque chose que je puisse vous donner?

— Je veux d'abord une chambre à coucher.

— Nous avons près d'ici des grottes qu'on appelle *les Étables*. Vous y seriez mal; on y a mis des moutons pendant l'hiver, et l'odeur en est restée. Je ferai prendre deux tentes chez les bergers d'en bas, et vous camperez ici... jusqu'à l'arrivée des gendarmes.

— Je veux une femme de chambre.

— Rien n'est plus facile. Nos hommes descendront dans la plaine et arrêteront la première paysanne qui passera... si toutefois la gendarmerie le permet.

— Il me faut des vêtements, du linge, des serviettes de toilette, du savon, un miroir, des peignes, des odeurs, un métier à tapisserie, un...

— C'est beaucoup de choses, madame, et pour vous trouver tout cela, nous serions forcés de prendre Athènes. Mais on fera pour le mieux. Comptez sur moi et ne comptez pas trop sur les gendarmes.

— Que Dieu ait pitié de nous! » dit Mary-Ann.

Un écho vigoureux répondit : *Kyrie eleison*. C'était le *bon vieillard* qui venait nous faire une visite et qui chantait en marchant pour se tenir en haleine. Il nous salua cordialement, déposa sur l'herbe un vase plein de miel et s'assit auprès de nous. « Prenez et mangez, nous dit-il : mes abeilles vous offrent le dessert. »

Je lui serrai la main; Mme Simons et sa fille se détournèrent avec dégoût. Elles s'obstinaient à voir en lui un complice des brigands. Le pauvre bonhomme n'avait pas tant de malice. Il ne savait que chanter ses prières, soigner ses petites bêtes, vendre sa récolte, encaisser les revenus du couvent et vivre en paix avec tout le monde. Son intelligence était bornée, sa science nulle, sa conduite innocente comme celle d'une machine bien réglée. Je ne crois pas qu'il sût distinguer clairement le bien du mal, et qu'il mît une grande différence entre un voleur et un honnête homme. Sa sagesse consistait à faire quatre repas tous les jours et à se tenir prudemment entre deux vins, comme le poisson entre deux eaux. C'était d'ailleurs un des meilleurs moines de son ordre.

Je fis honneur au présent qu'il nous avait apporté. Ce miel à demi sauvage ressemblait à celui que vous mangez en France comme la chair d'un chevreuil à la viande d'un agneau. On eût dit que les abeilles avaient distillé dans un alambic invisible tous les parfums de la montagne. J'oubliai, en mangeant ma tartine, que je n'avais qu'un mois pour trouver quinze mille francs ou mourir.

Le moine, à son tour, nous demanda la permission de se rafraîchir un peu, et, sans attendre une réponse, il prit la coupe et se versa rasade. Il but successivement à chacun de nous. Cinq ou six brigands, attirés par la curiosité, se glissèrent dans la salle. Il les interpella par leur nom et but à chacun d'eux par esprit de justice. Je ne tardai pas à maudire sa visite. Une heure après son arrivée, la moitié de la bande était assise en cercle autour de notre table. En l'absence du Roi, qui faisait la sieste dans son cabinet, les brigands venaient, un à un, cultiver notre connaissance. L'un nous offrait ses services, l'autre nous apportait quelque chose, un autre s'introduisait sans prétexte et sans embarras, en homme qui se sent chez lui. Les plus familiers me priaient amicalement de leur raconter notre histoire; les plus timides se tenaient derrière leurs camarades. Quelques-uns, après s'être rassasiés de notre vue, s'étendaient sur l'herbe et ronflaient sans coquetterie en présence de Mary-Ann. Et les puces montaient toujours, et la présence de leurs premiers maîtres les rendait si hardies, que j'en surpris trois ou quatre sur le dos de ma main. Impossible de leur disputer le droit de pâture : je n'étais plus un homme, mais un pré communal. En ce moment j'aurais donné les trois plus belles plantes de mon herbier pour un quart d'heure de solitude. Mme Simons et sa fille étaient trop discrètes pour me faire part de leurs impressions, mais elles prouvaient, par quelques soubresauts involontaires, que nous étions en communauté d'idées. Je surpris même entre elles un regard désespéré qui signifiait clairement : les gendarmes nous délivreront des voleurs, mais qui nous défera des puces? Cette plainte muette éveilla dans mon cœur un sentiment chevaleresque. J'étais résigné à souffrir, mais voir le supplice de Mary-Ann était chose au-dessus de mes forces. Je me levai rapidement et je dis à nos importuns :

« Allez-vous-en tous! Le Roi nous a logés ici pour vivre tranquilles jusqu'à l'arrivée de notre rançon. Le loyer nous coûte assez cher pour que nous ayons le droit de rester seuls. N'êtes-vous pas honteux de vous amasser autour d'une table, comme des chiens parasites? Vous n'avez rien à faire ici. Nous n'avons pas besoin de vous; nous avons besoin que vous n'y soyez pas. Croyez-vous que nous puissions nous enfuir? Par où? Par la cascade? ou par le cabinet du Roi? Laissez-nous donc en paix. Corfiote, chasse-les dehors, et je t'y aiderai, si tu veux! »

Je joignis l'action à la parole. Je poussai les traînards, j'éveillai les dormeurs, je secouai le moine, je forçai le Corfiote à me venir en aide, et bientôt le troupeau des brigands, troupeau armé de poignards et de pistolets, nous céda la place avec une docilité moutonnière, tout en regimbant, en faisant de petits pas, en résistant des épaules et en retournant la tête, à la façon des écoliers qu'on chasse en étude quand la fin de la récréation a sonné.

Nous étions seuls enfin, avec le Corfiote. Je dis à mistress Simons : « Madame, nous voici chez nous. Vous plaît-il que nous séparions l'appartement en deux? Il ne me faut qu'un petit coin pour dresser ma tente. Derrière ces arbres, je ne serai pas trop mal, et tout le reste vous appartiendra. Vous aurez la fontaine sous la main, et ce voisinage ne vous gênera pas, puisque l'eau s'en va tomber en cascade au revers de la montagne. »

Mes offres furent acceptées d'assez mauvaise grâce. Ces dames auraient voulu tout garder pour elles et m'envoyer dormir au milieu des brigands. Il est vrai que le *cant* britannique aurait gagné quelque chose à cette séparation, mais j'y aurais perdu la vue de Mary-Ann. Et d'ailleurs j'étais bien décidé à coucher loin des puces. Le Corfiote appuya ma proposition, qui rendait sa surveillance plus facile. Il avait ordre de nous garder nuit et jour. On convint qu'il dormirait auprès de ma tente. J'exigeai entre nous une distance de six pieds anglais.

Le traité conclu, je m'établis dans un coin pour donner la chasse à mon gibier domestique. Mais à peine avais-je sonné le premier hallali, que les curieux reparurent à l'horizon, sous prétexte de nous apporter les tentes. Mme Simons jeta les hauts cris en voyant que sa maison se composait d'une simple bande de feutre grossier, pliée par le milieu, fixée à terre par les bouts, et ouverte au vent de deux côtés. Le Corfiote jurait que nous serions logés comme des princes, sauf le cas de pluie ou de grand vent. La troupe entière se mit en devoir de planter les piquets, de dresser nos lits et d'apporter les couvertures. Chaque lit se composait d'un tapis couvert d'un gros manteau de poil de chèvre. A six heures, le Roi vint s'assurer par ses yeux que nous ne manquions de rien. Mme Simons, plus courroucée que jamais, répondit qu'elle manquait de tout. Je demandai formellement l'exclusion de tous les visiteurs inutiles. Le Roi établit un règlement sévère, qui ne fut jamais suivi. Discipline est un mot français bien difficile à traduire en grec.

Le Roi et ses sujets se retirèrent à sept heures, et l'on nous servit le souper. Quatre flambeaux de bois résineux éclairaient la table. Leur lumière rouge et fumeuse colorait étrangement la figure un peu pâle de Mlle Simons. Ses yeux semblaient s'éteindre et se rallumer au fond de leurs orbites, comme les phares à feu tournant. Sa voix, brisée par la fatigue, reprenait par intervalles un éclat singulier. En l'écoutant, mon esprit s'égarait dans le monde surnaturel, et il me venait je ne sais quelles réminiscences des contes fantastiques. Un rossignol chanta, et je crus voir sa chanson argentine voltiger sur les lèvres de Mary-Ann. La journée avait été rude pour tous, et moi-même, qui vous ai donné des preuves éclatantes de mon appétit, je reconnus bientôt que je n'avais faim que de sommeil. Je souhaitai le bonsoir à ces dames, et je me retirai sous ma tente. Là, j'oubliai en un instant rossignol, danger, rançon, piqûres; je fermai les yeux à double tour, et je dormis.

Une fusillade épouvantable m'éveilla en sursaut. Je me levai si brusquement, que je donnai de la tête contre un des piquets de ma tente. Au même instant, j'entendis deux voix de femmes qui criaient : « Nous sommes sauvées ! Les gendarmes ! » Je vis deux ou trois fantômes courir confusément à travers la nuit. Dans ma joie, dans mon trouble, j'embrassai la première ombre qui passa à ma portée : c'était le Corfiote.

« Halte-là ! cria-t-il; où courez-vous, s'il vous plaît?

— Chien de voleur, répondis-je en essuyant ma bouche, je vais voir si les gendarmes auront bientôt fini de fusiller tes camarades. »

Mme Simons et sa fille, guidées par ma voix, arrivèrent auprès de nous. Le Corfiote nous dit :

« Les gendarmes ne voyagent pas aujourd'hui. C'est l'Ascension et le 1er mai : double fête. Le bruit que vous avez entendu est le signal des réjouissances. Il est minuit passé; jusqu'à demain à pareille heure, nos compagnons vont boire du vin, manger de la viande, danser la romaïque et brûler de la poudre. Si vous vouliez voir ce beau spectacle, vous me feriez plaisir. Je vous garderais plus agréablement autour du rôti qu'au bord de la fontaine.

— Vous mentez ! dit Mme Simons. C'est les gendarmes !

— Allons-y voir, » ajouta Mary-Ann.

Je les suivis. Le vacarme était si grand, qu'à vouloir dormir on eût perdu sa peine. Notre guide nous fit traverser le cabinet du Roi et nous montra le camp des voleurs éclairé comme par un incendie. Des pins entiers flambaient d'espace en espace. Cinq ou six groupes assis autour du feu rôtissaient des agneaux embrochés dans des bâtons. Au milieu de la foule, un ruban de danseurs serpentait lentement au son d'une musique effroyable. Les coups de fusil partaient dans tous les sens. Il en vint un dans notre direction, et j'entendis siffler une balle à quelques pouces de mon oreille. Je priai ces dames de doubler le pas, espérant qu'auprès du Roi nous serions plus loin du danger. Le Roi, assis sur son éternel tapis, présidait avec solennité aux divertissements de son peuple. Autour de lui, les outres se vidaient comme de simples bouteilles; les agneaux se découpaient comme des perdrix; chaque convive prenait un gigot ou une épaule et l'emportait à pleine main. L'orchestre était composé d'un tambourin sourd et d'un flageolet criard : le tambourin était devenu sourd à force d'entendre crier le flageolet. Les danseurs avaient ôté leurs souliers pour être plus agiles. Ils se démenaient sur place et faisaient craquer leurs os en mesure, ou à peu près. De temps en temps, l'un d'eux quittait le bal, avalait une coupe de vin, mordait dans un morceau de viande, tirait un coup de fusil, et retournait à la danse. Tous ces hommes, excepté le Roi, buvaient, mangeaient, hurlaient et sautaient : je n'en vis pas rire un seul.

Hadgi-Stavros s'excusa galamment de nous avoir éveillés.

« Ce n'est pas moi qui suis coupable, dit-il, c'est la coutume. Si le 1er mai se passait sans coups de fusil, ces braves gens ne croiraient pas au retour du printemps. Je n'ai ici que des êtres simples, élevés à la campagne et attachés aux vieux usages du pays. Je fais leur éducation du mieux que je peux, mais je mourrai avant de les avoir policés. Les hommes ne se refondent pas en un jour comme les couverts d'argent. Moi-même, tel que vous me voyez, j'ai trouvé du plaisir à ces ébats grossiers; j'ai bu et dansé tout comme un autre. Je ne connaissais pas la civilisation européenne : pourquoi me suis-je mis si tard à voyager? Je donnerais beaucoup pour être jeune et n'avoir que cinquante ans. J'ai des idées de réforme qui ne seront jamais exécutées, car je me vois comme Alexandre, sans un héritier digne de moi. Je rêve une organisation nouvelle du brigandage, sans désordre, sans turbulence et sans bruit. Mais je ne suis pas secondé. Je devrais avoir le recensement exact de tous les habitants du royaume, avec l'état approximatif de leurs biens, meubles et immeubles. Quant aux étrangers qui débarquent chez nous, un agent établi dans chaque port me ferait connaître leurs noms, leur itinéraire, et, autant que possible, leur fortune. De cette façon, je saurais ce que chacun peut me donner; je ne serais plus exposé à demander trop ou trop peu. J'établirais sur chaque route un poste d'employés propres, bien élevés et bien mis, car, à quoi bon effaroucher les clients par une tenue choquante et une mine rébarbative. J'ai vu en France, en Angleterre, des voleurs élégants jusqu'à l'excès : en faisaient-ils moins bien leurs affaires?

« J'exigerais chez tous mes subordonnés des manières exquises surtout chez les employés au département des arrestations. J'aurais pour les prisonniers de distinction comme vous des logements confortables, en bon air, avec jardins.

Et ne croyez pas qu'il leur en coûterait plus cher : bien au contraire ! Si tous ceux qui voyagent dans le royaume arrivaient nécessairement dans mes mains, je pourrais taxer le passant à une somme insignifiante. Que chaque indigène et chaque étranger me donne seulement un quart pour cent sur le chiffre de sa fortune, je gagnerai sur la quantité. Alors le brigandage ne sera plus qu'un impôt sur la circulation : impôt juste, car il sera proportionnel; impôt normal, car il a toujours été perçu depuis les temps héroïques. Nous le simplifierons, s'il le faut, par les abonnements à l'année. Moyennant telle somme une fois payée, on obtiendra un sauf-conduit pour les indigènes, un visa sur le passeport des étrangers. Vous me direz qu'aux termes de la constitution nul impôt ne peut être établi sans le vote des deux Chambres. Ah ! monsieur, si j'avais le temps ! J'achèterais tout le Sénat; je nommerais une Chambre des députés bien à moi; la loi passerait d'emblée : on créerait, au besoin, un Ministère des grands chemins. Cela me coûterait deux ou trois millions de premier établissement : mais en quatre ans je rentrerais dans tous mes frais..., et j'entretiendrais les routes par-dessus le marché ! »

Il soupira solennellement, puis il reprit : « Vous voyez avec quel abandon je vous raconte mes affaires. C'est une vieille habitude dont je ne me déferai jamais. J'ai toujours vécu non seulement au grand air, mais au grand jour. Notre profession serait honteuse si on l'exerçait clandestinement. Je ne me cache pas, car je n'ai peur de personne. Quand vous lirez dans les journaux qu'on est à ma recherche, dites sans hésiter que c'est une fiction parlementaire : on sait toujours où je suis.

Je ne crains ni les ministres, ni l'armée, ni les tribunaux. Les ministres savent tous que d'un geste je puis changer le Cabinet. L'armée est pour moi : c'est elle qui me fournit des recrues lorsque j'en ai besoin. Je lui emprunte des soldats, je lui rends des officiers. Quant à messieurs les juges, ils connaissent mes sentiments pour eux. Je ne les estime pas, mais je les plains. Pauvres et mal payés, on ne saurait leur demander d'être honnêtes. J'en nourris quelques-uns, j'en habille quelques autres; j'en ai pendu fort peu dans ma vie : je suis donc le bienfaiteur de la magistrature. »

Il me désigna, par un geste magnifique, le ciel, la mer et le pays : « Tout cela, dit-il, est à moi. Tout ce qui respire dans le royaume m'est soumis par la peur, l'amitié ou l'admiration. J'ai fait pleurer bien des yeux, et pourtant il n'est pas une mère qui ne voulût avoir un fils comme Hadgi-Stavros. Un jour viendra que les docteurs comme vous écriront mon histoire, et que les îles de l'Archipel se disputeront l'honneur de m'avoir vu naître. Mon portrait sera dans les cabanes avec les images sacrées qu'on achète au mont Athos. En ce temps-là, les petits-enfants de ma fille, fussent-ils princes souverains, parleront avec orgueil de leur ancêtre, le Roi des montagnes ! »

Peut-être allez-vous rire de ma simplicité germanique; mais un si étrange discours me remua profondément. J'admirais malgré moi cette grandeur dans le crime. Je n'avais pas encore eu l'occasion de rencontrer un coquin majestueux. Ce diable d'homme, qui devait me couper le cou à la fin du mois, m'inspirait quasiment du respect. Sa grande figure de marbre, sereine au milieu de l'orgie, m'apparaissait comme le masque inflexible du destin. Je ne pus m'empêcher de lui répondre : « Oui, vous êtes vraiment Roi. »

Il répondit en souriant :

« En effet, puisque j'ai des flatteurs, même parmi mes ennemis. Ne vous défendez pas! Je sais lire sur les visages, et vous m'avez regardé ce matin en homme qu'on voudrait voir pendu.

— Puisque vous m'invitez à la franchise, j'avoue que j'ai eu un mouvement d'humeur. Vous m'avez demandé une rançon déraisonnable. Que vous preniez cent mille francs à ces dames qui les ont, c'est une chose naturelle et qui rentre dans votre métier; mais que vous en exigiez quinze mille de moi qui n'ai rien, voilà ce que je n'admettrai jamais.

— Pourtant, rien n'est plus simple. Tous les étrangers qui viennent chez nous sont riches, car le voyage coûte cher. Vous prétendez que vous ne voyagez pas à vos frais, je veux vous croire. Mais ceux qui vous ont envoyé ici vous donnent au moins trois ou quatre mille francs par an. S'ils font cette dépense, ils ont leurs raisons, car on ne fait rien pour rien. Vous représentez donc à leurs yeux un capital de soixante à quatre-vingt mille francs. Donc en vous rachetant pour quinze mille francs, ils y gagnent.

— Mais l'établissement qui me paye n'a point de capital, il n'a que des revenus. Le budget du Jardin des Plantes est voté tous les ans par le Sénat; ses ressources sont limitées : on n'a jamais prévu un cas pareil; je ne sais comment vous expliquer... vous ne pouvez pas comprendre.

— Et quand je comprendrais, reprit-il d'un ton hautain, croyez-vous que je reviendrais sur ce que j'ai dit? Mes paroles sont des lois ; si je veux qu'on les respecte, je ne dois pas les violer moi-même. J'ai le droit d'être injuste; je n'ai pas le droit d'être faible. Mes injustices ne nuisent qu'aux autres : une faiblesse me perdrait. Si l'on me savait exorable, mes prisonniers chercheraient des prières pour me vaincre, au lieu de chercher de l'argent pour me payer. Je ne suis pas un de vos brigands d'Europe, qui font un mélange de rigueur et de générosité, de spéculation et d'imprudence, de cruauté sans cause et d'attendrissement sans excuse, pour finir sottement sur l'échafaud. J'ai dit devant témoins que j'aurais quinze mille francs ou votre tête. Arrangez-vous; mais, d'une façon ou de l'autre, je serai payé. Ecoutez : en 1854, j'ai condamné deux petites filles qui avaient l'âge de ma chère Photini. Elles me tendaient les bras en pleurant, et leurs cris faisaient saigner mon cœur de père. Vasile, qui les a tuées, s'y est repris à plusieurs fois; sa main tremblait. Et cependant j'ai été inflexible, parce que la rançon n'était pas payée. Croyez-vous qu'après cela je vais vous faire grâce! A quoi me servirait de les avoir tuées, les pauvres créatures, si l'on apprenait que je vous ai renvoyé pour rien? »

Je baissai la tête sans trouver un mot à répondre. J'avais mille fois raison, mais je ne savais rien opposer à l'impitoyable logique du vieux bourreau. Il me tira de mes réflexions par une tape amicale sur l'épaule : « Du courage, me dit-il. J'ai vu la mort de plus près que vous, et je me porte comme un chêne. Pendant la guerre de l'Indépendance, Ibrahim m'a fait fusiller par sept Egyptiens. Six balles se sont perdues; la septième m'a frappé au front sans entrer. Quand les Turcs sont venus ramasser mon cadavre, j'avais disparu dans la fumée. Vous avez peut-être plus longtemps à vivre que vous ne pensez. Ecrivez à tous vos amis de Hambourg. Vous avez reçu de l'éducation : un docteur doit avoir des amis pour plus de quinze mille francs. Je le voudrais, quant à moi. Je ne vous hais pas : vous ne m'avez jamais rien fait; votre mort ne me causerait aucun plaisir, et je me plais à croire que vous trouverez les moyens de payer en argent. En attendant, allez vous reposer avec ces dames. Mes gens ont bu un coup de trop, et ils regardent les Anglaises avec des yeux qui ne disent rien de bon. Ces pauvres diables sont condamnés à une vie austère, et ils n'ont pas soixante-dix ans comme moi. En temps ordinaire, je les dompte par la fatigue; mais, dans une heure, si la demoiselle restait là, je ne répondrais de rien. »

En effet, un cercle menaçant se formait autour de Mary-Ann, qui examinait ces figures étranges avec une innocente curiosité. Les brigands, accroupis devant elle, se parlaient haut à l'oreille, et faisaient son éloge en des termes que, par bonheur, elle ne comprit pas. Le Corfiote, qui avait réparé le temps perdu, lui tendit une coupe de vin, qu'elle repoussa fièrement et qui vint arroser l'assistance. Cinq ou six buveurs, plus enflammés que les autres, se poussaient, se battaient et échangeaient de grands coups de poing, comme pour s'échauffer et s'enhardir à d'autres exploits. Je fis un signe à Mme Simons : elle se leva avec sa fille. Mais au moment où j'offrais le bras à Mary-Ann, Vasile, rouge de vin, s'avança en chancelant, et fit le geste de la prendre par la taille. A cette vue, il me monta au cerveau je ne sais quelle fumée de colère. Je sautai sur le misérable et je lui fis une cravate de mes dix doigts. Il porta la main à sa ceinture et chercha en tâtonnant le manche d'un couteau; mais, avant qu'il eût rien trouvé, je le vis arraché de mes mains et lancé à dix pas en arrière par la grande main puissante du vieux Roi. Un murmure gronda dans les bas-fonds de l'assemblée. Hadgi-Stavros éleva sa voix au-dessus du bruit et cria : « Taisez-vous ! Montrez que vous êtes des Hellènes et non des Albanais ! » Il reprit à voix basse : « Nous, marchons vite; Corfiote, ne me quitte pas; monsieur l'Allemand, dites aux dames que je coucherai à la porte de leur chambre. »

Il partit avec nous, précédé de son chiboudgi, qui ne le quittait ni jour ni nuit. Deux ou trois ivrognes firent mine de le suivre : il les repoussa rudement. Nous n'étions pas à cent pas de la foule, lorsqu'une balle de fusil passa en sifflant au milieu de nous. Le vieux pallicare ne daigna pas même retourner la tête. Il me regarda en souriant et me dit à demi-voix : « Il faut de l'indulgence; c'est le jour de l'Ascension. » Chemin faisant, je profitai des distractions du Corfiote, qui trébuchait à chaque pas, pour demander à Mme Simons un entretien particulier. « J'ai, lui dis-je, un secret important à vous apprendre. Permettez-moi de me glisser jusqu'à votre tente, pendant que notre espion dormira du sommeil de Noé. »

Je ne sais si cette comparaison biblique lui parut irrévérencieuse; mais elle me répondit sèchement qu'elle ne savait point avoir des secrets à partager avec moi. J'insistai; elle tint bon. Je lui dis que j'avais trouvé le moyen de nous sauver tous, sans bourse délier. Elle me lança un regard de défiance, consulta sa fille et finit par accorder ce que je demandais. Hadgi-Stavros favorisa notre rendez-vous en retenant le Corfiote auprès de lui. Il fit porter son tapis au haut de l'escalier rustique qui conduisait à notre campement, déposa ses armes à portée de sa main, fit coucher le chiboudgi à sa droite et le Corfiote à sa gauche, et nous souhaita des rêves dorés.

Je me tins prudemment sous ma tente jusqu'au moment où trois ronflements distincts m'assurèrent que nos gardiens étaient endormis. Le tapage de la fête s'éteignait sensiblement. Deux ou trois fusils retardataires troublaient seuls de temps en temps le silence de la nuit. Notre voisin le rossignol poursuivait tranquillement sa chanson commencée. Je rampai le long des arbres jusqu'à la tente de Mme Simons. La mère et la fille m'attendaient sur l'herbe humide : les mœurs anglaises m'interdisaient l'entrée de leur chambre à coucher.

« Parlez, monsieur, me dit Mme Simons; mais faites vite. Vous savez si nous avons besoin de repos. »

Je répondis avec assurance : « Mesdames, ce que j'ai à vous dire vaut bien une heure de sommeil. Voulez-vous être libres dans trois jours?

— Mais, monsieur, nous le serons demain, ou l'Angleterre ne serait plus l'Angleterre! Dimitri a dû avertir mon frère vers cinq heures; mon frère a vu notre ministre à l'heure du dîner; on a donné les ordres avant la nuit; les gendarmes sont en route, quoi qu'en ait dit le Corfiote, et nous serons délivrés au matin pour notre déjeuner.

— Ne nous berçons pas d'illusions; le temps

presse. Je ne compte pas sur la gendarmerie : nos vainqueurs en parlent trop légèrement pour la craindre. J'ai toujours entendu dire que, dans ce pays, chasseur et gibier, gendarme et brigand, faisaient bon ménage ensemble. Je suppose, à la rigueur, qu'on envoie quelques hommes à notre secours : Hadgi-Stavros les verra venir et il nous entraînera, par des chemins écartés, dans un autre repaire. Il sait le pays sur le bout du doigt; tous les rochers sont ses complices, tous les buissons ses alliés, tous les ravins ses recéleurs. Le Parnès est avec lui contre nous; il est le Roi des Montagnes !

— Bravo, monsieur ! Hadgi-Stavros est Dieu, et vous êtes son prophète. Il serait touché d'entendre avec quelle admiration vous parlez de lui. J'avais déjà deviné que vous étiez de ses amis, à voir comme il vous frappait sur l'épaule et comme il vous parlait en confidence. N'est-ce pas lui qui vous a suggéré le plan d'évasion que vous venez nous proposer?

— Oui, madame, c'est lui; ou plutôt c'est sa correspondance. J'ai trouvé ce matin, pendant qu'il dictait son courrier, le moyen infaillible de nous délivrer gratis. Veuillez écrire à monsieur votre frère de rassembler une somme de cent quinze mille francs, cent pour votre rançon, quinze pour la mienne, et de les envoyer ici le plus tôt possible par un homme sûr, par Dimitri.

— Par votre Dimitri, à votre ami le Roi des montagnes? Grand merci, mon cher monsieur ! C'est à ce prix que nous serons délivrés pour rien !

— Oui, madame. Dimitri n'est pas mon ami, et Hadgi-Stavros ne se ferait pas de scrupule de me couper la tête. Mais je continue : en échange de l'argent, vous exigerez que le Roi vous signe un reçu.

— Le bon billet que nous aurons là !

— Avec ce billet, vous reprendrez vos cent quinze mille francs sans perdre un centime, et vous allez voir comment.

— Bonsoir, monsieur. Ne prenez pas la peine d'en dire davantage. Depuis que nous avons débarqué dans ce bienheureux pays, nous avons été volées par tout le monde. Les douaniers du Pirée nous ont volées; le cocher qui nous a conduites à Athènes nous a volées; notre aubergiste nous a volées; notre domestique de place, qui n'est pas votre ami, nous a jetées entre les mains des voleurs; tous ces messieurs qui boivent là-haut sont des voleurs; vous êtes le seul honnête homme que nous ayons rencontré en Grèce, et vos conseils sont les meilleurs du monde; mais, bonsoir, monsieur, bonsoir !

— Au nom du ciel, madame !... Je ne me justifie pas; pensez de moi ce que vous voudrez. Laissez-moi seulement vous dire comment vous reprendrez votre argent.

— Et comment voulez-vous que je le reprenne, si toute la gendarmerie du royaume ne peut pas nous reprendre nous-mêmes? Hadgi-Stavros n'est donc plus le Roi des montagnes? Il ne sait plus de chemins écartés? Les ravins, les buissons, les rochers ne sont plus ses recéleurs et ses complices? Bonsoir, monsieur; je rendrai témoignage de votre zèle; je dirai aux brigands que vous avez fait leur commission; mais, une fois pour toutes, bonsoir ! »

La bonne dame me poussa par les épaules en

criant bonsoir sur un ton si aigu, que je tremblai qu'elle n'éveillât nos gardiens, et je m'enfuis piteusement sous ma tente. Quelle journée, monsieur ! J'entrepris de récapituler tous les incidents qui avaient grêlé sur ma tête depuis l'heure où j'étais parti d'Athènes à la poursuite de la *Boryana variabilis*. La rencontre des Anglaises, les beaux yeux de Mary-Ann, les fusils des brigands, les chiens, les puces, Hadgi-Stavros, quinze mille francs à payer, ma vie à ce prix, l'orgie de l'Ascension, les balles sifflant à mes oreilles, la face avinée de Vasile, et, pour couronner la fête, les injustices de Mme Simons ! Il ne me manquait, après tant d'épreuves, que d'être pris moi-même pour un voleur ! Le sommeil qui console de tout, ne vint pas à mon secours. J'avais été surmené par les événements, et la force me manquait pour dormir. Le jour se leva sur mes méditations douloureuses. Je suivis d'un œil éteint le soleil qui montait sur l'horizon. Des bruits confus succédèrent peu à peu au silence de la nuit. Je ne me sentais pas le courage de regarder l'heure à ma montre ou de retourner la tête pour voir ce qui se passait autour de moi. Tous mes sens étaient hébétés par la fatigue et le découragement. Je crois que, si l'on m'avait fait rouler au bas de la montagne, je n'aurais pas étendu les mains pour me retenir. Dans cet anéantissement de mes facultés, j'eus une vision qui tenait à la fois du rêve et de l'hallucination, car je n'étais ni éveillé ni endormi, et mes yeux étaient aussi mal fermés que mal ouverts. Il me sembla qu'on m'avait enterré vif ; que ma tente de feutre noir était un catafalque orné de fleurs, et qu'on chantait sur ma tête les prières des morts. La peur me prit ;

je voulus crier; la parole s'arrêta dans ma gorge ou fut couverte par la voix des chantres. J'entendais assez distinctement les versets et les répons pour reconnaître que mes funérailles se célébraient en grec. Je fis un effort violent pour remuer mon bras droit : il était de plomb. J'étendis le bras gauche, il céda facilement, heurta contre la tente et fit tomber quelque chose qui ressemblait à un bouquet. Je me frotte les yeux, je me lève sur mon séant, j'examine ces fleurs tombées du ciel, et je reconnais dans la masse un superbe échantillon de la *Boryana variabilis*. C'était bien elle! Je touchais ses feuilles lobées, son calice gamosépale, sa corolle composée de cinq pétales obliques réunis à la base par un filet staminal, ses dix étamines, son ovaire à cinq loges : je tenais dans ma main la reine des malvacées! Mais par quel hasard se trouvait-elle au fond de ma tombe? et comment l'envoyer de si loin au Jardin des Plantes de Hambourg? En ce moment, une vive douleur attira mon attention vers mon bras droit. On eût dit qu'il était en proie à une fourmilière de petits animaux invisibles. Je le secouai de la main gauche, et peu à peu il revint à l'état normal. Il avait porté ma tête pendant plusieurs heures, et la pression l'avait engourdi. Je vivais donc, puisque la douleur est un des privilèges de la vie! Mais, alors, que signifiait cette chanson funèbre qui bourdonnait obstinément à mes oreilles? Je me levai. Notre appartement était dans le même état que la veille au soir. Mme Simons et Mary-Ann dormaient profondément. Un gros bouquet pareil au mien pendait au sommet de leur tente. Je me rappelai enfin que les Grecs avaient coutume de fleurir toutes leurs habitations dans la nuit du 1ᵉʳ mai. Ces bouquets et la *Boryana variabilis* provenaient donc de la munificence du Roi. La chanson funèbre me poursuivait toujours. Je gravis l'escalier qui conduisait au cabinet d'Hadgi-Stavros, et j'aperçus un spectacle plus curieux que tout ce qui m'avait étonné la veille. Un autel était dressé sous le sapin royal. Le moine, revêtu d'ornements magnifiques, célébrait avec une dignité imposante l'office divin. Nos buveurs de la nuit, les uns debout, les autres agenouillés dans la poussière, tous religieusemeent découverts, s'étaient métamorphosés en petits saints : l'un baisait dévotement une image peinte sur bois, l'autre se signait à tour de bras et comme à la tâche; les plus fervents donnaient du front contre terre et balayaient le sol avec leurs cheveux. Le jeune chiboudgi du Roi circulait dans les rangs avec un plateau en disant : « Faites l'aumône! qui donne à l'Eglise prête à Dieu. » Et les centimes pleuvaient devant lui, et le grésillement du cuivre tombant sur le cuivre accompagnait la voix du prêtre et les prières des assistants. Lorsque j'entrai dans l'assemblée des fidèles, chacun d'eux me salua avec une cordialité discrète qui rappelait les premiers temps de l'Eglise. Hadgi-Stavros, debout auprès de l'autel, me fit une place à ses côtés. Il tenait un grand livre à la main, et jugez de ma surprise lorsque je vis qu'il psalmodiait les leçons à haute voix. Le brigand officiait! Il avait reçu dans sa jeunesse le deuxième des ordres mineurs! il était lecteur ou anagnoste. Un degré de plus, il aurait été exorciste et investi du pouvoir de chasser les démons! Assurément, monsieur, je ne suis pas de ces voyageurs qui s'étonnent de tout, et je pratique assez énergiquement le *nil admirari;* mais je restai tout ébahi et tout pantois devant cette étrange cérémonie. En voyant les génuflexions, en écoutant les prières, on aurait pu supposer que les acteurs n'étaient coupables que d'un peu d'idolâtrie. Leur foi paraissait vive et leur conviction profonde; mais moi qui les avais vus à l'œuvre et qui savais comme ils étaient peu chrétiens en action, je ne pouvais m'empêcher de dire en moi-même : « Qui trompe-t-on ici? »

L'office dura jusqu'à midi et quelques minutes. Une heure après, l'autel avait disparu, les brigands s'étaient remis à boire, et le *bon vieillard* leur tenait tête.

Hadgi-Stavros me prit à part et me demanda si j'avais écrit. Je lui promis de m'y mettre à l'instant même et il me fit donner des roseaux, de l'encre et du papier. J'écrivis à John Harris, à Christodule et à mon père. Je suppliai Christodule d'intercéder pour moi auprès de son vieux camarade, et de lui dire combien j'étais incapable de trouver quinze mille francs. Je me recommandai au courage et à l'imagination de Harris, qui n'était pas homme à laisser un ami dans l'embarras. « Si quelqu'un peut me sauver, lui dis-je, c'est vous. Je ne sais comment vous vous y prendrez, mais j'espère en vous de toute mon âme : vous êtes un si grand fou! Je ne compte pas que vous trouverez quinze mille francs pour me racheter : il faudrait les emprunter à M. Mérinay, qui ne prête pas. D'ailleurs, vous êtes trop Américain pour consentir à un pareil marché. Agissez comme il vous plaira; mettez le feu au royaume; j'approuve tout à l'avance : mais ne perdez pas de temps. Je sens que ma tête est faible, et que la raison pourrait déménager avant la fin du mois. »

Quant à mon malheureux père, je n'eus garde de lui dire à quelle enseigne j'étais logé. A quoi bon lui mettre la mort dans l'âme en lui montrant les dangers auxquels il ne pouvait me soustraire? Je lui écrivis, comme le premier de chaque mois, que je me portais bien et que je souhaitais que ma lettre trouvât la famille en bonne santé. J'ajoutai que je voyageais dans la montagne, que j'avais découvert la *Boryana variabilis* et une jeune Anglaise plus belle et plus riche que la princesse Ypsoff, de romanesque mémoire. Je n'étais pas encore parvenu à lui inspirer de l'amour, faute de circonstances favorables; mais je trouverais peut-être sous peu l'occasion de lui rendre quelque grand service ou de me montrer devant elle dans l'habit irrésistible de mon oncle Rosenthaler. « Cependant, ajoutai-je avec un sentiment de tristesse invincible, qui sait si je ne mourrai pas garçon? Alors, ce serait à Frantz ou à Jean-Nicolas de faire la fortune de la famille. Ma santé est plus florissante que jamais, et mes forces ne sont pas encore entamées; mais la Grèce est un traître de pays qui a bon marché de l'homme le plus vigoureux. Si j'étais condamné à ne jamais revoir l'Allemagne et à finir ici, par quelque coup imprévu, au terme de mon voyage et de mes travaux, croyez bien, cher et excellent père, que mon dernier regret serait de m'éteindre loin de ma famille, et que ma dernière pensée s'envolerait vers vous. »

Hadgi-Stavros survint au moment où j'essuyais une larme, et je crois que cette marque de faiblesse me fit tort dans son estime.

« Allons, jeune homme, me dit-il, du courage !
Il n'est pas encore temps de pleurer sur vous-
même. Que diable ! on dirait que vous suivez votre
enterrement ! La dame anglaise vient d'écrire une
lettre de huit pages, et elle n'a pas laissé choir
une larme dans l'encrier. Allez un peu lui tenir
compagnie : elle a besoin de distraction. Ah ! si
vous étiez un homme de ma trempe ! Je vous
jure qu'à votre âge et à votre place je ne serais
pas resté longtemps prisonnier. Ma rançon eût été
payée avant deux jours, et je sais bien qui en
aurait fait les fonds. Vous n'êtes point marié ?
— Non.
— Hé bien ? vous ne comprenez pas ? Retournez
à votre appartement, et soyez aimable. Je vous ai
fourni une belle occasion de faire fortune. Si vous
n'en profitez pas, vous serez un maladroit, et si
vous ne me mettez point au rang de vos bien-
faiteurs, vous serez un ingrat ! »

Je trouvai Mary-Ann et sa mère assises auprès
de la source. En attendant la femme de chambre
qu'on leur avait promise, elles travaillaient elles-
mêmes à raccourcir leurs amazones. Les brigands
leur avaient fourni du fil, ou plutôt de la ficelle,
et des aiguilles propres à coudre la toile à voiles.
De temps en temps elles interrompaient leur
besogne pour jeter un regard mélancolique sur
les maisons d'Athènes. Il était dur de voir la ville
si près de soi et de ne pouvoir s'y transporter
qu'au prix de cent mille francs ! Je leur demandai
comment elles avaient dormi. La sécheresse de
leur réponse me prouva qu'elles se seraient bien
passées de ma conversation. C'est à ce moment
que je remarquai pour la première fois les cheveux de Mary-Ann : elle était nu-tête, et, après

avoir fait une ample toilette dans le ruisseau, elle laissait sécher sa chevelure au soleil. Je n'aurais jamais cru qu'une seule femme pût avoir une telle profusion de boucles soyeuses. Ses longs cheveux châtains tombaient le long des joues et derrière les épaules. Mais ils ne pendaient pas sottement comme ceux de toutes les femmes qui sortent du bain. Ils se courbaient en ondes pressées, comme la surface d'un petit lac frisé par le vent. La lumière, en glissant à travers cette forêt vivante, la colorait d'un éclat doux et velouté; sa figure ainsi encadrée ressemblait trait pour trait à une rose mousseuse. Je vous ai dit, monsieur, que je n'avais jamais aimé personne, et certes je n'aurais pas commencé par une fille qui me prenait pour un voleur. Mais je puis avouer, sans me contredire, que j'eusse voulu, au prix de ma vie, sauver ces beaux cheveux des griffes d'Hadgi-Stavros. Je conçus, séance tenante, un plan d'évasion hardi, mais non pas impossible. Notre appartement avait deux issues : il donnait sur le cabinet du Roi et sur un précipice. Fuir par le cabinet d'Hagdi-Stavros était absurde : il eût fallu ensuite traverser le camp des voleurs et la deuxième ligne de défense, gardée par les chiens. Restait le précipice. En me penchant sur l'abîme, je reconnus que le rocher, presque perpendiculaire, offrait assez d'anfractuosités, de touffes d'herbe, de petits arbustes et d'accidents de toute espèce pour qu'on pût descendre sans se briser. Ce qui rendait la fuite dangereuse de ce côté, c'était la cascade. Le ruisseau qui sortait de notre chambre formait sur le flanc de la montagne une nappe horriblement glissante. D'ailleurs il était malaisé de garder son sang-froid et de descendre en équilibre avec une pareille douche sur la tête.

Mais n'y avait-il aucun moyen de détourner le torrent ? Peut-être. En examinant de plus près l'appartement où l'on nous avait logés, je reconnus à n'en pas douter que les eaux y avaient séjourné avant nous. Notre chambre n'était qu'un étang desséché. Je soulevai un coin du tapis qui croissait sous nos pieds, et je découvris un sédiment épais, déposé par l'eau de la fontaine. Un jour, soit que les tremblements de terre, si fréquents dans ces montagnes, eussent rompu la digue en un endroit, soit qu'une veine de rocher plus molle que les autres eût donné passage au courant, toute la masse liquide s'était jetée hors de son lit. Un canal de dix pieds de long sur trois de large la conduisait jusqu'au revers de la montagne. Pour fermer cette écluse ouverte depuis des années et emprisonner les eaux dans leur premier réservoir, il ne fallait pas deux heures de travail. Un heure au plus suffisait pour donner aux rochers humides le temps de s'égoutter : la brise de la nuit aurait bientôt séché la route. Notre fuite ainsi préparée n'eût pas demandé plus de vingt-cinq minutes. Une fois parvenus au pied de la montagne, nous avions Athènes devant nous, les étoiles nous servaient de guides ; les chemins étaient détestables, mais nous ne courions pas risque d'y rencontrer un brigand. Lorsque le Roi viendrait au matin nous faire sa visite pour savoir comment nous avions passé la nuit, il verrait que nous l'avions passée à courir ; et, comme on s'instruit à tout âge, il apprendrait à ses dépens qu'il ne faut compter que sur soi-même, et qu'une cascade s'entend mal à garder les prisonniers.

Ce projet me parut si merveilleux, que j'en fis part sur l'heure à celle qui me l'avait inspiré. Mary-Ann et Mᵐᵉ Simons m'écoutèrent d'abord comme les conspirateurs prudents écoutent un agent provocateur. Cependant la jeune Anglaise mesura sans trembler la profondeur du ravin : « On pourrait descendre, dit-elle. Non pas seule, mais avec l'aide d'un bras solide. Etes-vous fort, monsieur ? »

Je répondis, sans savoir pourquoi : « Je le serais si vous aviez confiance en moi. » Ces paroles, auxquelles je n'attachais aucun sens particulier, renfermaient sans doute quelque sottise, car elle rougit en détournant la tête. « Monsieur, reprit-elle, il se peut que nous vous ayons mal jugé : le malheur aigrit. Je croirais volontiers que vous êtes un brave jeune homme. »

Elle aurait trouvé quelque chose de plus aimable à dire; mais elle me glissa ce demi-compliment avec une voix si douce et un regard si pénétrant, que j'en fus ému jusqu'au fond de l'âme. Tant il est vrai, monsieur, que l'air fait passer la chanson !

Elle me tendit sa main charmante, et j'allongeais déjà mes cinq doigts pour la prendre; mais elle se ravisa tout à coup et dit en se frappant le front : « Où trouverez-vous des matériaux pour une digue ?

— Sous nos pieds : le gazon !
— L'eau finira par l'emporter.
— Pas avant deux heures. Après nous le déluge.
— Bien ! » dit-elle. Cette fois, elle me livra sa main, et je l'approchai de mes lèvres. Mais cette main capricieuse se retira brusquement. « Nous

sommes gardés nuit et jour : y avez-vous pensé ? »

Je n'y avais pas songé un instant, mais j'étais trop avancé pour reculer devant les obstacles. Je répondis avec une résolution qui m'étonna moi-même : « Le Corfiote ? je m'en charge. Je l'attacherai au pied d'un arbre.

— Il criera.
— Je le tuerai.
— Et des armes ?
— J'en volerai. » Voler, tuer, tout cela me semblait naturel, depuis que j'avais failli lui baiser la main. Jugez, monsieur, de quoi je serais capable si jamais je tombais amoureux !

Mme Simons me prêtait ses oreilles avec une certaine bienveillance, et je crus remarquer qu'elle m'approuvait du regard et du geste. « Cher monsieur, me dit-elle, votre deuxième idée vaut mieux que la première ; oui, infiniment mieux. Je n'aurais jamais pu condescendre à payer une rançon, même avec la certitude de la recouvrer ensuite. Redites-moi donc, s'il vous plaît, ce que vous comptez faire pour nous sauver.

— Je réponds de tout, madame. Je me procure un poignard aujourd'hui même. Cette nuit, nos brigands se coucheront de bonne heure, et ils auront le sommeil dur. Je me lève à dix heures, je garrotte notre gardien, je le bâillonne, et, au besoin, je le tue. Ce n'est pas un assassinat, c'est une exécution : il a mérité vingt morts pour une. A dix heures et demie, j'arrache cinquante pieds carrés de gazon, vous le portez au bord du ruisseau, je construis la digue : total, une heure et demie. Il sera minuit. Nous travaillerons à consolider l'ouvrage, tandis que le vent essuiera notre chemin. Une heure sonne : je prends mademoiselle sur mon bras gauche; nous glissons ensemble jusqu'à cette crevasse, nous nous retenons à ces deux touffes d'herbe, nous gagnons ce figuier sauvage, nous nous reposons contre ce chêne vert, nous rampons le long de cette saillie jusqu'au groupe de rochers rouges, nous sautons dans le ravin, et nous sommes libres!

— Bien! et moi? »

Ce *moi* tomba sur mon enthousiasme comme un seau d'eau glacée. On ne s'avise pas de tout, et j'avais oublié le sauvetage de Mme Simons. De retourner la prendre, il n'y fallait pas songer. L'ascension était impossible sans échelle. La bonne dame s'aperçut de ma confusion. Elle me dit avec plus de pitié que de dépit : « Mon pauvre monsieur, vous voyez que les projets romanesques pêchent toujours par quelque endroit. Permettez-moi de m'en tenir à ma première idée et d'attendre la gendarmerie. Je suis Anglaise, et je me suis fait une vieille habitude de placer ma confiance dans la loi. D'ailleurs, je connais des gendarmes d'Athènes; je les ai vus parader sur la place du palais. Ils sont beaux hommes et assez propres pour des Grecs. Ils ont de longues moustaches et des fusils à piston. Ce sont eux, ne vous en déplaise, qui nous tireront d'ici. »

Le Corfiote survint à propos pour me dispenser de répondre. Il amenait la femme de chambre de ces dames. C'était une Albanaise assez belle, malgré son nez camard. Deux brigands qui rôdaient dans la montagne l'avaient prise tout endimanchée, entre sa mère et son fiancé. Elle poussait des cris à fendre le marbre, mais on la consola bientôt en lui promettant de la relâcher sous quinze jours et de la payer. Elle prit son parti en brave et se réjouit presque d'un malheur qui devait grossir sa dot. Heureux pays, où les blessures du cœur se guérissent avec des pièces de cinq francs! Cette servante philosophe ne fut pas d'un grand secours à Mme Simons : de tous les travaux de son sexe, elle ne connaissait que le labourage. Quant à moi, elle me rendit la vie insupportable par l'habitude qu'elle avait de grignoter une gousse d'ail par friandise et par coquetterie, comme les dames de Hambourg s'amusent à croquer des bonbons.

La journée s'acheva sans autre accident. Le lendemain nous parut à tous d'une longueur intolérable. Le Corfiote ne nous quittait pas d'une semelle. Mary-Ann et sa mère cherchaient les gendarmes à l'horizon et ne voyaient rien venir. Moi qui suis accoutumé à une vie active, je me rongeais dans l'oisiveté. J'aurais pu courir dans la montagne et herboriser, sous bonne garde: mais un certain je ne sais quoi me retenait auprès de ces dames. Pendant la nuit, je dormais mal : mon projet d'évasion me trottait obstinément par la tête. J'avais remarqué la place où le Corfiote logeait son poignard avant de se coucher; mais j'aurais cru commettre une trahison en me sauvant sans Mary-Ann.

Le samedi matin, entre cinq et six heures, un bruit inusité m'attira vers le Cabinet du Roi. Ma toilette fut bientôt faite : je me mettais au lit tout habillé.

Hadgi-Stavros, debout au milieu de sa troupe, présidait un Conseil tumultueux. Tous les brigands étaient sur le pied de guerre, armés jusqu'aux dents. Dix ou douze coffres que je n'avais jamais aperçus reposaient sur des brancards. Je devinai qu'ils contenaient les bagages et que nos maîtres se préparaient à lever le camp. Le Corfiote, Vasile et Sophoclis délibéraient à tue-tête et parlaient tous à la fois. On entendait aboyer au loin les sentinelles avancées. Une estafette en guenilles accourut vers le Roi en criant : « Les gendarmes! »

CHAPITRE V
LES GENDARMES

Le Roi ne paraissait pas fort ému. Cependant ses sourcils étaient plus rapprochés qu'à l'ordinaire, et les rides de son front formaient un angle aigu entre les deux yeux. Il demanda au nouveau venu :

« Par où montent-ils?
— Par Castia.
— Combien de compagnies?
— Une.
— Laquelle?
— Je ne sais.
— Attendons. »

Un second messager arrivait à toutes jambes pour donner l'alarme. Hadgi-Stavros lui cria du plus loin qu'il le vit : « Est-ce la compagnie de Périclès? »

Le brigand répondit : « Je n'en sais rien; je ne sais pas lire les numéros. » Un coup de feu retentit dans le lointain. « Chut! » fit le Roi en tirant sa montre. L'assemblée observa un silence religieux. Quatre coups de fusil se succédèrent de minute en minute. Le dernier fut suivi d'une détonation violente qui ressemblait à un feu de peloton. Hadgi-Stavros remit en souriant sa montre dans sa poche.

« C'est bien, dit-il; rentrez les bagages au dépôt, et servez-nous du vin d'Egine; c'est la compagnie de Périclès.

Il m'aperçut dans mon coin, juste au moment

où il achevait sa phrase. Il m'appela d'un ton goguenard :

« Venez, monsieur l'Allemand, vous n'êtes pas de trop. Il est bon de se lever matin : on voit des choses curieuses. Votre soif est-elle éveillée? Vous boirez un verre de vin d'Egine avec nos braves gendarmes. »

Cinq minutes plus tard on apporta trois outres énormes, tirées de quelque magasin secret. Une sentinelle attardée vint dire au Roi :

« Bonne nouvelle! les gendarmes de Périclès! »

Quelques brigands s'empressèrent au-devant de la troupe. Le Corfiote, beau parleur, courut haranguer le capitaine. Bientôt on entendit le tambour; on vit poindre le drapeau bleu, et soixante hommes bien armés défilèrent sur deux rangs jusqu'au cabinet d'Hadgi-Stavros. Je reconnus M. Périclès pour l'avoir admiré à la promenade de Patissia. C'était un jeune officier de trente-cinq ans, brun, coquet, aimé des dames, beau valseur à la cour, et portant avec grâce les épaulettes de fer-blanc. Il remit son sabre au fourreau, courut au Roi des montagnes et l'embrassa sur la bouche en lui disant : « Bonjour, parrain !

— Bonjour, petit, répondit le Roi en lui caressant la joue du revers de la main. Tu t'es toujours bien porté?

— Merci. Et toi?

— Comme tu vois. Et la famille?

— Mon oncle l'évêque a les fièvres.

— Amène-le moi ici, je le guérirai. Le préfet de police va mieux?

— Un peu; il te dit bien des choses; le ministre aussi.

— Quoi de nouveau
— Bal au palais pour le 15. C'est décidé : le Siècle l'a dit.
— Tu danses donc toujours? Et que fait-on à la Bourse?
— Baisse sur toute la ligne.
— Bravo! As-tu des lettres pour moi?
— Oui; les voici. Photini n'était pas prête. Elle t'écrira par la poste.
— Un verre de vin... A ta santé, petit!
— Dieu te bénisse, parrain! Quel est ce Franc qui nous écoute?
— Rien : un Allemand sans conséquence. Tu ne sais rien à faire pour nous?
— Le payeur général envoie vingt mille francs à Argos. Les fonds passeront demain soir par les roches Scironiennes.
— J'y serai. Faut-il beaucoup de monde?
— Oui : la caisse est escortée de deux compagnies.
— Bonnes ou mauvaises?
— Détestables. Des gens à se faire tuer.
— Je prendrai tout mon monde. En mon absence, tu garderas nos prisonniers.
— Avec plaisir. A propos, j'ai les ordres les plus sévères. Tes Anglaises ont écrit à leur ambassadeur. Elles appellent l'armée entière à leur secours.
— Et c'est moi qui leur ai fourni le papier! Ayez donc confiance aux gens.
— Il faudra écrire mon rapport en conséquence. Je leur raconterai une bataille acharnée.
— Nous rédigerons cela ensemble.
— Oui. Cette fois, parrain, c'est moi qui remporte la victoire.

— Non !

— Si ! J'ai besoin d'être décoré.

— Tu le seras un autre jour. Quel insatiable ! Il n'y a pas un an que je t'ai fait capitaine !

— Mais comprends donc, cher parrain, que tu as intérêt à te laisser vaincre. Lorsqu'on saura que ta bande est dispersée, la confiance renaîtra, les voyageurs viendront et tu feras des affaires d'or.

— Oui, mais si je suis vaincu, la Bourse montera, et je suis à la baisse.

— Tu m'en diras tant ! Au moins, laisse-moi te massacrer une douzaine d'hommes !

— Soit. Cela ne fera de mal à personne. De mon côté, il faut que je t'en tue dix.

— Comment ? On verra bien à notre retour que la compagnie est au complet.

— Du tout. Tu les laisseras ici ; j'ai besoin de recrues.

— En ce cas, je te recommande le petit Spiro, mon adjudant. Il sort de l'école des Evelpides, il a de l'instruction et de l'intelligence. Le pauvre garçon ne touche que soixante-dix-huit francs par mois, et ses parents ne sont pas heureux. S'il reste dans l'armée, il ne sera pas sous-lieutenant avant cinq ou six ans ; les cadres sont encombrés. Mais qu'il se fasse remarquer dans ta troupe ; on lui offrira de le corrompre, et il aura sa nomination dans six mois.

— Va pour le petit Spiro ! Sait-il le français !

— Passablement.

— Je le garderai peut-être. S'il faisait mon affaire, je l'intéresserais dans l'entreprise ; il deviendrait actionnaire. Tu remettras à qui de droit notre compte rendu de l'année. Je donne 82 pour 100.

— Bravo! mes huit actions m'auront plus rapporté que ma solde de capitaine. Ah! parrain, quel métier que le mien!

— Que veux-tu? Tu serais brigand, sans les idées de ta mère. Elle a toujours prétendu que tu manquais de vocation. A ta santé! A la vôtre, monsieur l'Allemand! Je vous présente mon filleul, le capitaine Périclès, un charmant jeune homme qui sait plusieurs langues, et qui voudra bien me remplacer auprès de vous pendant mon absence. Mon cher Périclès, je te présente monsieur, qui est docteur et qui vaut quinze mille francs. Croirais-tu que ce grand docteur-là, tout docteur qu'il est, n'a pas encore su faire payer sa rançon par nos Anglaises! Le monde dégénère, petit : il valait mieux de mon temps. »

Là-dessus, il se leva lestement, et courut donner quelques ordres pour le départ. Etait-ce le plaisir d'entrer en campagne, ou la joie d'avoir vu son filleul? Il semblait tout rajeuni; il avait vingt ans de moins, il riait, il plaisantait, il secouait sa majesté royale. Je n'aurais jamais supposé que le seul événement capable de dérider un brigand fût l'arrivée de la gendarmerie. Sophoclis, Vasile, le Corfiote et les autres chefs répandirent dans tout le camp les volontés du Roi. Chacun fut bientôt prêt à partir, grâce à l'alerte du matin. Le jeune adjudant Spiro et les neuf hommes choisis parmi les gendarmes échangèrent leurs uniformes contre l'habit pittoresque des bandits. Ce fut un véritable escamotage : le ministre de la Guerre, s'il eût été là, n'en aurait senti que le vent. Les nouveaux brigands ne témoignèrent nul regret de leur premier état. Les seuls qui murmurèrent furent ceux qui restaient sous le drapeau. Deux ou trois moustaches grises disaient hautement qu'on faisait la part trop belle au *choix* et qu'on ne tenait pas assez compte de l'*ancienneté*. Quelques grognards vantaient leurs états de service et prétendaient avoir fait un *congé* dans le brigandage. Le capitaine les calma de son mieux en promettant que leur tour viendrait.

Hadgi-Stavros, avant de partir, remit toutes les clefs à son suppléant. Il lui montra la grotte au vin, la caverne aux farines, la crevasse au fromage et le tronc d'arbre où l'on serrait le café. Il lui enseigna toutes les précautions qui pouvaient empêcher notre fuite et conserver un capital si précieux. Le beau Périclès répondit en souriant : « Que crains-tu ? Je suis actionnaire. »

A sept heures du matin, le Roi se mit en marche et ses sujets défilèrent un à un derrière lui. Toute la bande s'éloigna dans la direction du nord, en tournant le dos aux roches Scironiennes. Elle revint, par un chemin assez long, mais commode, jusqu'au fond du ravin qui passait sous notre appartement. Les brigands chantaient du haut de leur tête, en piétinant dans l'eau de la cascade. Leur marche guerrière était une chanson de quatre vers, un péché de jeunesse d'Hadgi-Stavros :

> Un Clephte aux yeux noirs descend dans les plaines;
> Son fusil doré..., etc.

Vous devez connaître cela; les petits garçons d'Athènes ne chantent pas autre chose en allant au catéchisme.

Mme Simons, qui dormait auprès de sa fille et qui rêvait gendarmes, comme toujours, se réveilla en sursaut et courut à la fenêtre, c'est-à-dire à la cascade. Elle fut cruellement désabusée en voyant des ennemis où elle espérait des sauveurs. Elle reconnut le Roi, le Corfiote et beaucoup d'autres. Ce qui l'étonna plus encore, c'est l'importance et le nombre de cette expédition matinale. Elle compta jusqu'à soixante hommes à la suite d'Hadgi-Stavros. « Soixante ! pensa-t-elle : il n'en resterait que vingt pour nous garder ! ». L'idée d'une évasion, qu'elle repoussait l'avant-veille, se représenta avec quelque autorité à son esprit. Au milieu de ses réflexions, elle vit défiler une arrière-garde qu'elle n'attendait pas. Seize, dix-sept, dix-huit dix-neuf, vingt hommes ! Il ne restait donc plus personne au camp ! Nous étions libres ! « Mary-Ann ! » cria-t-elle. Le défilé continuait toujours. La bande se composait de quatre-vingts brigands; il en partait quatre-vingt-dix ! Une douzaine de chiens fermaient la marche; mais elle ne prit pas la peine de les compter.

Mary-Ann se leva au cri de sa mère et se précipita hors de la tente.

« Libres ! criait Mme Simons. Ils sont tous partis. Que dis-je ? Il en est parti plus qu'il n'y en avait. Courons, ma fille ! »

Elles coururent à l'escalier et virent le camp du Roi occupé par les gendarmes. Le drapeau grec flottait triomphalement au faîte du sapin. La place d'Hadgi-Stavros était occupée par M. Périclès. Mme Simons vola dans ses bras avec un tel emportement, qu'il eut du mal à parer l'embrassade.

« Ange de Dieu, lui dit-elle, les brigands sont partis ! »

Le capitaine répondit en anglais : « Oui, madame.

— Vous les avez mis en fuite?

— Il est vrai, madame, que sans nous ils seraient encore ici.

— Excellent jeune homme! La bataille a dû être terrible!

— Pas trop : bataille sans larmes. Je n'ai eu qu'un mot à dire.

— Et nous sommes libres?

— Assurément.

— Nous pouvons retourner à Athènes?

— Quand il vous plaira.

— Eh bien, partons!

— Impossible pour le moment.

— Que faisons-nous ici?

— Notre devoir de vainqueurs : nous gardons le champ de bataille!

— Mary-Ann, serrez la main de monsieur. »

La jeune Anglaise obéit.

« Monsieur, reprit Mme Simons, c'est Dieu qui vous envoie. Nous avions perdu toute espérance. Notre seul défenseur était un jeune Allemand de la classe moyenne, un savant qui cueille des herbes et qui voulait nous sauver par les chemins les plus saugrenus. Enfin, nous voici! J'étais bien sûre que nous serions délivrées par la gendarmerie. N'est-il pas vrai, Mary-Ann?

— Oui, maman.

— Sachez, monsieur, que ces brigands sont les derniers des hommes. Ils ont commencé par nous prendre tout ce que nous avions sur nous.

— Tout? demanda le capitaine.

— Tout, excepté ma montre, que j'avais eu soin de cacher.

— Vous avez bien fait, madame. Et ils ont gardé ce qu'ils vous avaient pris?

— Non, ils nous ont rendu trois cents francs, un nécessaire d'argent et la montre de ma fille.

— Ces objets sont encore en votre possession?

— Sans doute.

— Vous avait-on pris vos bagues et vos pendants d'oreilles?

— Non, monsieur le capitaine.

— Soyez assez bonne pour me les donner.

— Vous donner quoi?

— Vos bagues, vos pendants d'oreilles, un nécessaire d'argent, deux montres et une somme de trois cents francs. »

Mme Simons se récria vivement ; « Quoi ! monsieur, vous voulez nous reprendre ce que les brigands nous ont rendu? »

Le capitaine répondit avec dignité : « Madame, je fais mon devoir.

— Votre devoir est de nous dépouiller?

— Mon devoir est de recueillir toutes les pièces de conviction nécessaires au procès d'Hadgi-Stavros.

— Il sera donc jugé?

— Dès que nous l'aurons pris.

— Il me semble que nos bijoux et notre argent ne serviront de rien, et que vous avez abondamment de quoi le faire pendre. D'abord, il a arrêté deux Anglaises : que faut-il de plus?

— Il faut, madame, que les formes de la justice soient observées.

— Mais, cher monsieur, parmi les objets que vous me demandez, il en est auxquels je tiens beaucoup.

— Raison de plus, madame, pour me les confier.

— Mais si je n'ai plus de montre, je ne saurai jamais...

— Madame, je me ferai toujours un bonheur de vous dire quelle heure il est. »

Mary-Ann fit observer à son tour qu'il lui répugnait de quitter ses pendants d'oreilles.

« Mademoiselle, répliqua le galant capitaine, vous êtes assez belle pour n'avoir pas besoin de parure. Vous vous passerez mieux de joyaux que vos joyaux ne se passeront de vous.

— Vous êtes trop bon, monsieur, mais mon nécessaire est un meuble indispensable. Qui dit nécessaire dit chose dont on ne saurait se passer.

— Vous avez mille fois raison, mademoiselle; aussi je vous supplie de ne pas insister sur ce point. Ne redoublez point le regret que j'ai déjà de dépouiller légalement deux personnes aussi distinguées. Hélas! mademoiselle, nous autres militaires, nous sommes les esclaves de la consigne, les instruments de la loi, les hommes du devoir. Daignez accepter mon bras, j'aurai l'honneur de vous conduire jusqu'à votre tente. Là, nous procéderons à l'inventaire, si vous voulez bien le permettre. »

Je n'avais pas perdu un mot de tout ce dialogue, et je m'étais contenu jusqu'à la fin; mais quand je vis ce friponneau de gendarme offrir son bras à Mary-Ann pour la dévaliser poliment, je me sentis bouillir, et je marchai droit à lui pour lui dire son fait. Il dut lire dans mes yeux l'exorde de mon discours, car il me lança un regard menaçant, abandonna ces dames sur l'escalier de leur chambre, plaça une sentinelle à la porte et revint à moi en disant : « A nous deux ! »

Il m'entraîna, sans ajouter un mot, jusqu'au

fond du cabinet du Roi. Là, il se campa devant moi, me regarda entre les yeux et me dit :

« Monsieur, vous entendez l'anglais ? »

Je confessai ma science. Il reprit :

« Vous savez le grec aussi ?

— Oui, monsieur.

— Alors, vous êtes trop savant. Comprenez-vous mon parrain qui s'amuse à raconter nos affaires devant vous ? Passe encore pour les siennes ; il n'a pas besoin de se cacher. Il est Roi, il ne relève que de son sabre. Mais moi, que diable ! mettez-vous à ma place. Ma position est délicate, et j'ai bien des choses à ménager. Je ne suis pas riche ; je n'ai que ma solde, l'estime de mes chefs et l'amitié des brigands. L'indiscrétion d'un voyageur peut me faire perdre les deux tiers de ma fortune.

— Et vous comptez que je garderai le secret sur vos infamies !

— Lorsque je compte sur quelque chose, monsieur, ma confiance est bien rarement trompée. Je ne sais pas si vous sortirez vivant de ces montagnes, et si votre rançon sera jamais payée. Si mon parrain doit vous couper la tête, je suis tranquille, vous ne causerez pas. Si, au contraire, vous repassez par Athènes, je vous conseille en ami de vous taire sur ce que vous avez vu. Imitez la discrétion de feu Mme la duchesse de Plaisance, qui fut arrêtée par Bibichi et qui mourut dix ans plus tard sans avoir conté à personne les détails de son aventure. Connaissez-vous un proverbe qui dit : « La langue coupe la tête » ? Méditez-le sérieusement, et ne vous mettez point dans le cas d'en vérifier l'exactitude.

— La menace...

— Je ne vous menace pas, monsieur. Je suis un homme trop bien élevé pour m'emporter à des menaces : je vous avertis. Si vous bavardiez, ce n'est pas moi qui me vengerais. Mais tous les hommes de ma compagnie ont un culte pour leur capitaine. Ils prennent mes intérêts plus chaudement que moi-même, et ils seraient impitoyables, à mon grand regret, pour l'imprudent qui m'aurait causé quelque ennui.

— Que craignez-vous, si vous avez tant de complices?

— Je ne crains rien des Grecs, et, en temps ordinaire, j'insisterais moins fortement sur mes recommandations. Nous avons bien parmi nos chefs quelques forcenés qui prétendent qu'on doit traiter les brigands comme des Turcs; mais je trouverais aussi des défenseurs convaincus si l'affaire devait se débattre en famille. Le mal est que les diplomates pourraient s'en mêler et que la présence d'une armée étrangère nuirait sans doute au succès de ma cause. S'il m'arrivait malheur par votre faute, voyez, monsieur, à quoi vous seriez exposé! On ne fait pas quatre pas dans le royaume sans rencontrer un gendarme. La route d'Athènes au Pirée est sous la surveillance de ces mauvaises têtes, et un accident est bientôt arrivé.

— C'est bien, monsieur, j'y réfléchirai.

— Vous me promettez le secret?

— Vous n'avez rien à me demander, et je n'ai rien à vous promettre. Vous m'avertissez du danger des indiscrétions. J'en prends note, et je me le tiens pour dit.

— Quand vous serez en Allemagne, vous

pourrez raconter tout ce qu'il vous plaira. Parlez, écrivez, imprimez; peu m'importe. Les ouvrages qu'on publie contre nous ne font de mal à personne, si ce n'est peut-être à leurs auteurs. Libre à vous de tenter l'aventure. Si vous dépeignez fidèlement ce que vous avez vu, les bonnes gens d'Europe vous accuseront de dénigrer un peuple illustre et opprimé. Nos amis, et nous en avons beaucoup parmi les hommes de soixante ans, vous taxeront de légèreté, de caprice et même d'ingratitude. On vous rappellera que vous avez été l'hôte d'Hadgi-Stavros et le mien; on vous reprochera d'avoir trahi les saintes lois de l'hospitalité. Mais le plus plaisant de l'affaire, c'est que l'on ne vous croira pas. Le public n'accorde sa confiance qu'aux mensonges vraisemblables. Allez donc persuader aux badauds de Paris, de Londres ou de Berlin que vous avez vu un capitaire de gendarmerie embrasser un chef de brigands! Une compagnie de troupes d'élite faire sentinelle autour des prisonniers d'Hadgi-Stavros pour lui donner le temps de piller la caisse de l'armée! Les plus hauts fonctionnaires de l'Etat fonder une compagnie par actions pour détrousser les voyageurs! Autant vaudrait leur raconter que les souris de l'Attique ont fait alliance avec les chats, et que nos agneaux vont chercher leur nourriture dans la gueule des loups. Savez-vous ce qui nous protège contre les mécontentements de l'Europe? C'est l'invraisemblance de notre civilisation. Heureusement pour le royaume, tout ce qu'on écrira de vrai contre nous sera toujours trop violent pour être cru. Je pourrais vous citer un petit livre qui n'est pas à notre louange, quoiqu'il soit exact d'un bout à l'autre. On l'a lu un peu partout; on l'a trouvé curieux à Paris, mais je ne sais qu'une ville où il ait paru vrai : Athènes ! Je ne vous défends pas d'y ajouter un second volume, mais attendez que vous soyez parti : sinon, il y aurait peut-être une goutte de sang à la dernière page.

— Mais, repris-je, s'il se commet une indiscrétion avant mon départ, comment saurez-vous qu'elle vient de moi ?

— Vous êtes seul dans mon secret. Les Anglaises sont persuadées que je les délivre d'Hadgi-Stavros. Je me charge de les tenir dans l'erreur jusqu'au retour du Roi. C'est l'affaire de deux jours, trois au plus. Nous sommes à quarante nouveaux stades (40 kilomètres) des roches Scironiennes; nos amis y arriveront dans la nuit. Ils feront leur coup demain soir, et, vainqueurs ou vaincus, ils seront ici lundi matin. On saura prouver aux prisonnières que les brigands nous ont surpris. Tant que mon parrain sera absent, je vous protégerai contre vous-même en vous tenant loin de ces dames. Je vous emprunte votre tente. Vous devez voir, monsieur, que j'ai la peau plus délicate que ce digne Hadgi-Stavros, et que je ne saurais exposer mon teint aux intempéries de l'air. Que dirait-on, le 15, au bal de la Cour, si l'on me voyait hâlé comme un paysan ? D'ailleurs, il faut que je tienne compagnie à ces pauvres désolées ; c'est mon devoir de libérateur. Quant à vous, vous coucherez ici au milieu de mes soldats. Permettez-moi de donner un ordre qui vous concerne. Ianni ! brigadier Ianni ! Je te confie la garde de monsieur. Place autour de lui quatre sentinelles qui le surveilleront nuit et jour et l'accompagneront partout, l'arme au bras. Tu les relèveras de deux heures en deux heures. Marche ! »

Il me salua avec une politesse légèrement ironique et descendit en chantonnant l'escalier de Mme Simons. La sentinelle lui porta les armes.

Dès cet instant commença pour moi un supplice dont l'esprit humain ne saurait se faire aucune idée. Chacun sait ou devine ce que peut être une prison; mais essayez de vous figurer une prison vivante et ambulante, dont les quatre murs vont et viennent, s'écartent et se rapprochent, tournent et retournent, se frottent les mains, se grattent, se mouchent, se secouent, se démènent et fixent obstinément huit grands yeux noirs sur le prisonnier ! J'essayai de la promenade; mon cachot à huit pattes régla son pas sur le mien. Je poussai jusqu'aux frontières du camp : les deux hommes qui me précédaient s'arrêtèrent court, et je donnai du nez contre leurs uniformes. Cet accident m'expliqua une inscription que j'avais lue souvent, sans la comprendre, dans le voisinage des places fortes : *Limite de la garnison.* Je revins : mes quatre murs tournèrent sur eux-mêmes comme des décors de théâtre dans un changement à vue. Enfin, las de cette façon d'aller, je m'assis. Ma prison se mit à marcher autour de moi : je ressemblais à un homme ivre qui voit tourner sa maison. Je fermais les yeux; le bruit cadencé du pas militaire me fatigua bientôt le tympan. « Au moins, pensai-je en moi-même, si ces quatre guerriers daignaient causer avec moi ! Je vais leur parler grec : c'est un moyen de séduction qui m'a toujours réussi auprès des sentinelles. » J'essayai, mais en pure perte. Les murs avaient peut-être des oreilles, mais l'usage de la voix leur était interdit : on ne parle pas sous les armes ! Je tentai de la corruption. Je tirai de ma poche l'argent qu'Hadgi-Stavros m'avait rendu et que le capitaine avait oublié de me prendre. Je le distribuai aux quatre points cardinaux de mon logis. Les murs sombres et refrognés prirent une physionomie riante, et mon cachot fut illuminé comme d'un rayon de soleil. Mais, cinq minutes plus tard, le brigadier vint relever les sentinelles; il y avait juste deux heures que j'étais prisonnier ! La journée me parut longue, la nuit éternelle. Le capitaine s'était adjugé du même coup ma chambre et ma couche, et le rocher qui me servait de lit n'était pas moelleux comme la plume. Une petite pluie pénétrante comme un acide me fit sentir cruellement que la toiture est une belle invention, et que les couvreurs rendent de vrais services à la société. Si parfois, en dépit des rigueurs du ciel, je parvenais à m'endormir, j'étais presque aussitôt réveillé par le brigadier Ianni, qui donnait le mot d'ordre. Enfin, vous le dirai-je? dans la veille et dans le sommeil, je croyais voir Mary-Ann et sa respectable mère serrer les mains de leur libérateur. Ah ! monsieur, comme je commençai à rendre justice au bon vieux Roi des montagnes ! Comme je retirai les malédictions que j'avais lancées contre lui ! Comme je regrettai son gouvernement doux et paternel ! comme je soupirai après son retour ! comme je le recommandai chaudement dans mes prières ! « Mon Dieu ! disais-je avec ferveur, donnez la victoire à votre serviteur Hadgi-Stavros ! Faites tomber devant lui tous les soldats du royaume ! Remettez en ses mains la caisse et jusqu'au dernier écu de cette infernale armée ! Et renvoyez-nous les brigands pour que nous soyons délivrés des gendarmes! »

Comme j'achevais cette oraison, un feu de file bien nourri se fit entendre au milieu du camp. Cette surprise se renouvela plusieurs fois dans le cours de la journée et de la nuit suivante. C'était encore un tour de M. Périclès. Pour mieux tromper Mme Simons et lui persuader qu'il la défendait contre une armée de bandits, il commandait, de temps à autre, un exercice à feu.

Cette fantaisie faillit lui coûter cher. Quand les brigands arrivèrent au camp, le lundi, au petit jour, ils crurent avoir affaire à de vrais ennemis, et ripostèrent par quelques balles, qui malheureusement n'atteignirent personne.

Je n'avais jamais vu d'armée en déroute lorsque j'assistai au retour du Roi des montagnes. Ce spectacle eut donc pour moi tout l'attrait d'une première représentation. Le ciel avait mal exaucé mes prières. Les soldats grecs s'étaient défendus avec tant de fureur, que le combat s'était prolongé jusqu'à la nuit. Formés en carré autour des deux mulets qui portaient la caisse, ils avaient d'abord répondu par un feu régulier aux tirailleurs d'Hadgi-Stavros. Le vieux pallicare, désespérant d'abattre un à un cent vingt hommes qui ne reculaient pas, avait attaqué la troupe à l'arme blanche. Ses compagnons nous assurèrent qu'il avait fait des merveilles, et le sang dont il était couvert montrait assez qu'il avait payé de sa personne. Mais la baïonnette avait eu le dernier mot. La troupe avait tué quatorze brigands dont un chien. Une balle de calibre avait arrêté l'avancement du jeune Spiro, cet officier de tant d'avenir! Je vis arriver une soixantaine d'hommes recrus de fatigue, poudreux, sanglants, contusionnés et blessés. Sophoclis avait une balle dans l'épaule; on le portait. Le Corfiote et quelques autres étaient restés en route, qui chez les bergers, qui dans un village, qui sur la roche nue, au bord du chemin.

Toute la bande était morne et découragée. Sophoclis hurlait de douleur. J'entendis quelques murmures contre l'imprudence du Roi, qui exposait la vie de ses compagnons pour une misérable somme, au lieu de détrousser paisiblement les voyageurs riches et débonnaires.

Le plus valide, le plus reposé, le plus content, le plus gaillard de la troupe était le Roi. On lisait sur son visage la fière satisfaction du devoir accompli. Il me reconnut tout d'abord au milieu de mes quatre hommes, et me tendit cordialement la main. « Cher prisonnier, me dit-il, vous voyez un roi bien maltraité. Ces chiens de soldats n'ont pas voulu lâcher la caisse. C'était de l'argent à eux : ils ne se seraient pas fait tuer pour le bien d'autrui. Ma promenade aux roches Scironiennes ne m'a rien rapporté, et j'ai dépensé quatorze combattants, sans compter quelques blessés qui ne guériront pas. Mais n'importe : je me suis bien battu. Ces coquins-là étaient plus nombreux que nous, et ils avaient des baïonnettes. Sans quoi...! Allons, cette journée m'a rajeuni. Je me suis prouvé à moi-même que j'avais encore du sang dans les veines. »

Et il fredonna les premiers vers de sa chanson favorite : « Un Clephte aux yeux noirs... » Il poursuivit : « Par Jupiter ! (comme disait lord Byron) je ne voudrais pas pour vingt mille autres francs être resté chez moi depuis samedi. On mettra encore cela dans mon histoire. On dira qu'à soixante-dix ans passés je suis tombé à grands coups de sabre au milieu des baïonnettes, que j'ai fendu trois ou quatre soldats de ma propre main, et que j'ai fait dix lieues à pied dans la montagne pour revenir ici prendre ma tasse de café. Cafedgi, mon enfant, fais ton devoir : j'ai fait le mien. Mais où diable est Périclès? »

Le joli capitaine reposait encore sous sa tente. Ianni courut le chercher et l'amena tout endormi, les moustaches défrisées, la tête soigneusement emmaillotée dans un mouchoir. Je ne sais rien de tel pour réveiller un homme qu'un verre d'eau froide ou une mauvaise nouvelle. Lorsque M. Périclès aprit que le petit Spiro et deux autres gendarmes étaient restés sur le terrain, ce fut bien une autre déroute. Il arracha son foulard, et, sans le tendre respect qu'il avait pour sa personne, il se serait arraché les cheveux.

« C'est fait de moi, s'écria-t-il. Comment expliquer leur présence parmi vous? et en costume de brigands, encore! On les aura reconnus; les autres sont maîtres du champ de bataille! Dirai-je qu'ils avaient déserté pour se mettre avec vous? Que vous les aviez faits prisonniers? On demandera pourquoi je n'en avais pas parlé. Je l'attendais pour faire mon grand rapport. J'ai écrit hier soir que je te serrais de près sur le Parnès, et que tous nos hommes étaient admirables. Sainte-Vierge, je n'oserai pas me montrer dimanche à Patissia! Que va-t-on dire, le 15, au bal de la cour? Tout le corps diplomatique s'occupera de moi. On réunira le Conseil. Serai-je seulement invité?

— Au Conseil? demanda le brigand.
— Non; au bal de la cour!
— Danseur! va.

— Mon Dieu! mon Dieu! qui sait ce qu'on va faire? S'il ne s'agissait que de ces Anglaises, je ne me mettrais pas en peine. J'avouerais tout au ministre de la Guerre. Des Anglaises, il y en a assez. Mais prêter mes soldats pour attaquer la caisse de l'armée! Envoyer Spiro contre la ligne! On me montrera au doigt; je ne danserai plus. »

Qui est-ce qui se frottait les mains pendant ce monologue? C'était le fils de mon père, entre ses quatre soldats.

Hadgi-Stavros, paisiblement assis, dégustait son café à petites gorgées. Il dit à son filleul : « Te voilà bien embarrassé! Reste avec nous. Je t'assure un minimum de dix mille francs par an, et j'enrôle tes hommes. Nous prendrons notre revanche ensemble. »

L'offre était séduisante. Deux jours plus tôt elle aurait enlevé bien des suffrages. Et pourtant elle parut sourire médiocrement aux gendarmes, nullement au capitaine. Les soldats ne disaient rien; ils regardaient leurs anciens camarades; ils lorgnaient la blessure de Sophoclis, ils pensaient aux morts de la veille, et ils allongeaient le nez dans la direction d'Athènes, comme pour flairer de plus près l'odeur succulente de la caserne.

Quant à M. Périclès, il répondit avec un embarras visible : « Je te remercie, mais j'ai besoin de réfléchir. Mes habitudes sont à la ville, je suis d'une santé délicate; les hivers doivent être rudes dans la montagne; me voici déjà enrhumé. Mon absence serait remarquée à toutes les réunions; on me recherche beaucoup là-bas; on m'a souvent proposé de beaux mariages. D'ailleurs, le mal n'est peut-être pas si grand que nous le croyons. Qui sait si les trois maladroits auront été reconnus? La nouvelle de l'événement arrivera-t-elle avant nous? J'irai d'abord au Ministère; je prendrai l'air du bureau. Personne ne viendra me contredire, puisque les deux compagnies poursuivent leur marche sur Argos... Décidément il faut que je sois là; je dois payer de ma personne. Soigne tes blessés... Adieu! »

Il fit un signe à son tambour.

Hadgi-Stavros se leva, vint se placer devant moi avec son filleul, qu'il dominait de toute la tête, et me dit : « Monsieur, voilà un Grec d'aujourd'hui; moi, je suis un Grec d'autrefois. Et les journaux prétendent que nous sommes en progrès! »

Au roulement du tambour, les murs de ma prison s'écartèrent comme les remparts de Jéricho. Deux minutes après, j'étais dans la tente de Mary-Ann. La mère et la fille s'éveillèrent en sursaut. Mme Simons m'aperçut la première et me cria :

« Eh bien! nous partons?

— Hélas! madame, nous n'en sommes pas là!

— Où en sommes-nous donc? Le capitaine nous a donné parole pour ce matin.

— Comment l'avez-vous trouvé, le capitaine?

— Galant, élégant, charmant! Un peu trop esclave de la discipline; c'est bien son seul défaut.

— Coquin et faquin, lâche et bravache, menteur et voleur! voilà ses vrais noms, madame, et je vous le prouverai.

— Çà, monsieur, qu'est-ce que la gendarmerie vous a donc fait?

— Ce qu'elle m'a fait, madame? Daignez venir avec moi, seulement au haut de l'escalier. »

Mme Simons arriva juste à point pour voir les

soldats défilant, tambour en tête, les brigands installés à leur place, le capitaine et le Roi bouche à bouche, se donnant le baiser d'adieu. La surprise fut un peu trop forte. Je n'avais pas assez ménagé la bonne dame, et j'en fus puni, car elle s'évanouit tout de son long, à me casser le bras. Je la portai jusqu'à la source; Mary-Ann lui frappa dans les mains; je lui lançai une poignée d'eau par le visage. Mais je crois que c'est la fureur qui la fit revenir.

« Le misérable! cria-t-elle.

— Il vous a dévalisées, n'est-il pas vrai? Il vous a volé vos montres, votre argent?

— Je ne regrette pas mes bijoux; qu'il les garde! Mais je voudrais pour dix mille francs reprendre les poignées de main que je lui ai données. Je suis Anglaise, et je ne serre pas la main de tout le monde! »

Ce regret de Mme Simons m'arracha un gros soupir. Elle repartit de plus belle et fit tomber sur moi tout le poids de sa colère. « C'est votre faute, me dit-elle. Ne pouviez-vous pas m'avertir? Il fallait me dire que les brigands étaient de petits saints en comparaison!

— Mais, madame, je vous avais prévenue qu'il ne fallait pas compter sur les gendarmes.

— Vous me l'avez dit; mais vous me l'avez dit mollement, lourdement, flegmatiquement. Est-ce que je pouvais vous croire? Pouvais-je deviner que cet homme n'était que le geôlier de Stavros? qu'il nous retenait ici pour laisser aux brigands le temps de revenir? qu'il nous effrayait de dangers imaginaires? qu'il se disait assiégé pour se faire admirer de nous? qu'il simulait des attaques nocturnes pour avoir l'air de nous défendre? Je devine tout à présent, mais dites si vous m'avez rien appris !

— Mon Dieu, madame, j'ai dit ce que je savais, j'ai fait ce que je pouvais.

— Mais, Allemand que vous êtes ! à votre place, un Anglais se serait fait tuer pour nous, et je lui aurais donné la main de ma fille ! »

Les coquelicots sont bien rouges, mais je le fus davantage en entendant l'exclamation de Mme Simons. Je me sentis si troublé que je n'osais ni lever les yeux, ni répondre, ni demander à la chère dame ce qu'elle entendait par ces paroles. Car, enfin, comment une personne aussi raide avait-elle été amenée à tenir un pareil langage devant sa fille et devant moi ? Par quelle porte cette idée de mariage avait-elle pu entrer dans son esprit ? Mme Simons était-elle vraiment femme à décerner sa fille comme récompense honnête au premier libérateur venu ? Il n'y avait pas apparence. N'était-ce pas plutôt une sanglante ironie à l'adresse de mes pensées les plus secrètes ?

Quand je descendais en moi, je constatais avec un légitime orgueil la tiédeur innocente de tous mes sentiments. Je me rendais cette justice, que le feu des passions n'avait pas élevé d'un degré la température de mon cœur. A chaque instant du jour, pour me sonder moi-même, je m'exerçais à penser à Mary-Ann. Je m'étudiais à construire des châteaux en Espagne dont elle était la châtelaine. Je fabriquais des romans dont elle était l'héroïne et moi le héros. Je supposais à plaisir les circonstances les plus absurdes. J'imaginais des événements aussi invraisemblables que l'histoire de la princesse Ypsoff et du lieutenant Reynauld. J'allais jusqu'à me représenter la jolie

Anglaise assise à ma droite au fond d'une chaise de poste et passant son beau bras autour de mon long cou. Toutes ces suppositions flatteuses, qui auraient agité profondément une âme moins philosophe que la mienne, ne troublaient pas ma sérénité. Je n'éprouvais point les alternatives de crainte et d'espérance qui sont les symptômes caractéristiques de l'amour. Jamais, au grand jamais, je n'avais senti ces grandes convulsions du cœur dont il est question dans les romans. Donc je n'aimais pas Mary-Ann, j'étais un homme sans reproche, et je pouvais marcher la tête levée. Mais Mme Simons, qui n'avait pas lu dans ma pensée, était bien capable de se tromper sur la nature de mon dévouement. Qui sait si elle ne me soupçonnait pas d'être amoureux de sa fille? si elle n'avait pas interprété dans un mauvais sens mon trouble et ma timidité? si elle n'avait pas lâché ce mot mariage pour me forcer à me trahir? Ma fierté se révolta contre un soupçon si injuste, et je lui répondis d'une voix ferme, sans toutefois la regarder en face :

« Madame, si j'étais assez heureux pour vous tirer d'ici, je vous jure que cela ne serait pas pour épouser mademoiselle votre fille.

— Et pourquoi donc? dit-elle d'un ton piqué. Est-ce que ma fille ne vaut pas qu'on l'épouse? Je vous trouve plaisant, en vérité! N'est-elle pas assez jolie? ou assez riche? ou d'une assez bonne famille? L'ai-je mal élevée? Et savez-vous quelque chose à dire contre elle! Epouser Mlle Simons, mon petit monsieur, c'est un beau rêve; et le plus difficile s'en contenterait.

— Hélas! madame, répondis-je, vous m'avez bien mal compris. J'avoue que mademoiselle est parfaite, et, sans sa présence, qui me rend timide, je vous dirais quelle admiration passionnée elle m'a inspirée dès le premier jour. C'est justement pour cela que je n'ai pas l'impertinence de penser qu'aucun hasard puisse m'élever jusqu'à elle. »

J'espérais que mon humilité fléchirait cette mère foudroyante. Mais sa colère ne baissa pas d'un demi-ton !

« Pourquoi? reprit-elle. Pourquoi ne méritez-vous pas ma fille? Répondez-moi donc!

— Mais, madame, je n'ai ni fortune, ni position.

— La belle affaire! Pas de position! Vous en auriez une, monsieur, si vous épousiez ma fille. Etre mon gendre, n'est-ce donc pas une position? Vous n'avez pas de fortune! Est-ce que nous vous avons jamais demandé de l'argent? N'en avons-nous pas assez pour nous, pour vous et pour bien d'autres? D'ailleurs l'homme qui nous tirera d'ici ne nous fera-t-il pas un cadeau de cent mille francs? C'est peu de chose, j'en conviens, mais c'est quelque chose. Direz-vous que cent mille francs soient une somme méprisable? Alors, pourquoi ne méritez-vous pas d'épouser ma fille?

— Madame, je ne suis pas...

— Voyons, qu'est-ce encore que vous n'êtes pas? Vous n'êtes pas Anglais!

— Oh! nullement.

— Eh bien, vous nous croyez donc assez ridicules pour vous faire un crime de votre naissance? Et! monsieur, je sais bien qu'il n'est pas donné à tout le monde d'être Anglais. La terre entière ne peut pas être Anglaise... au moins avant quelques années. Mais on peut être honnête homme et homme d'esprit sans être né positivement en Angleterre.

— Pour ce qui est de la probité, madame, c'est un bien que nous nous transmettons de père en fils. De l'esprit, j'en ai juste ce qu'il faut pour être docteur. Mais malheureusement je ne me fais pas d'illusion sur les défauts de ma personne physique, et...

— Vous voulez dire que vous êtes laid, n'est-ce pas? Non, monsieur, vous n'êtes pas laid. Vous avez une figure intelligente. Mary-Ann, monsieur a-t-il une figure intelligente?

— Oui, maman, » dit Mary-Ann. Si elle rougit en répondant, sa mère le vit mieux que moi, car mes yeux étaient obstinément cloués à terre.

« D'ailleurs, ajouta Mme Simons, fussiez-vous dix fois plus laid, vous ne le seriez pas encore autant que feu mon mari. Et pourtant je vous prie de croire que j'étais aussi jolie que ma fille, le jour où je lui donnai ma main. Que répondrez-vous à cela?

— Rien, madame, sinon que vous me comblez, et qu'il ne tiendra pas à moi que vous ne soyez demain sur la route d'Athènes.

— Que comptez-vous faire? Cette fois tâchez de trouver un expédient moins ridicule que l'autre jour!

— J'espère que vous serez satisfaite de moi si vous voulez bien m'entendre jusqu'au bout.

— Oui, monsieur.

— Sans m'interrompre.

— Je ne vous interromprai pas. Vous a-t-on jamais interrompu?

— Oui.

— Non.

— Si!

— Quand?

— Jamais. Madame, Hadgi-Stavros a tous ses fonds placés chez MM. Barley et Cie.

— Chez nous!

— Cavendish-square, 31, à Londres. Mercredi dernier, il a dicté devant nous une lettre d'affaires à l'adresse de M. Barley.

— Et vous ne m'avez pas dit cela plus tôt!

— Vous ne m'en avez jamais laissé le temps.

— Mais c'est monstrueux! Votre conduite est inexplicable! Nous serions en liberté depuis six jours. Je serais allée droit à lui; je lui aurais dit nos relations...

— Et il vous aurait demandé deux ou trois cent mille francs! Croyez-moi, madame, le mieux est de ne rien lui dire du tout. Payez votre rançon; faites-vous donner un reçu, et dans quinze jours envoyez-lui un compte courant avec la mention suivante :

« *Item*, 100.000 francs remis personnellement par Mme Simons, notre associée, contre reçu. »

De cette façon, vous rentrez dans votre argent, sans le secours de la gendarmerie. Est-ce clair? »

Je levai les yeux et je vis le joli sourire de Mary-Ann, tout radieux de reconnaissance. Mme Simons haussait furieusement les épaules et ne semblait émue que de dépit.

« En vérité, me dit-elle, vous êtes un homme surprenant! Vous êtes venu nous proposer une évasion acrobatique lorsque nous avions un moyen si simple de nous échapper! Et vous savez cela depuis mercredi matin! Je ne vous pardonnerai jamais de ne pas nous l'avoir dit le premier jour.

— Mais, madame, veuillez vous rappeler que je

vous priais d'écrire à monsieur votre frère pour lui demander cent quinze mille francs.

— Pourquoi cent quinze?

— Je veux dire cent mille.

— Non; cent quinze. C'est trop juste. Etes-vous bien sûr que ce Stavros ne nous retiendra pas ici lorsqu'il aura reçu l'argent?

— Je vous en réponds. Les brigands sont les seuls Grecs qui ne manquent jamais à leur parole. Vous comprenez que s'il leur arrivait une fois de garder les prisonniers après avoir touché la rançon, personne ne se rachèterait plus.

— Il est vrai. Mais quel singulier Allemand vous faites, de n'avoir pas parlé plus tôt!

— Vous m'avez toujours coupé la parole.

— Il fallait parler quand même!

— Mais, madame...

— Taisez-vous? et conduisez-nous à ce maudit Stavros. »

Le Roi déjeunait d'un rôti de tourterelles, sous son arbre de justice, avec les officiers valides qui lui restaient encore. Sa toilette était faite : il avait lavé le sang de ses mains et changé d'habit. Il cherchait avec ses convives le moyen le plus expéditif de combler les vides que la mort avait faits dans ses rangs. Vasile, qui était de Janina, offrait d'aller lever trente hommes en Epire, où la surveillance des autorités turques a mis plus de mille brigands en retrait d'emploi. Un Laconien voulait qu'on acquît à beaux deniers comptants la petite bande du Spartiate Pavlos, qui exploitait la province du Magne, dans le voisinage de Calamata. Le Roi, toujours imbu des idées anglaises, pensait à organiser un recrutement par force et à enlever tous les bergers de l'Attique. Ce système semblait d'autant plus avantageux qu'il n'entraînait aucun débours, et qu'on gagnait les troupeaux par-dessus le marché.

Interrompu au milieu de la délibération, Hadgi-Stavros fit à ses prisonnières un accueil glacial. Il n'offrit pas même un verre d'eau à Mme Simons, et comme elle n'avait point déjeuné, elle fut sensible à cet oubli des convenances. Je pris la parole au nom des Anglaises, et, en l'absence du Corfiote, le Roi fut bien forcé de m'accepter pour intermédiaire. Je lui dis qu'après le désastre de la veille il serait content d'apprendre la détermination de Mme Simons; qu'elle avait résolu de payer, dans le plus bref délai, sa rançon et la mienne; que les fonds seraient versés le lendemain, soit à la Banque d'Athènes, soit en tout autre lieu qu'il lui plairait de désigner, contre son reçu.

« Je suis bien aise, dit-il, que ces femmes aient renoncé à convoquer l'armée grecque à leur secours. Dites-leur qu'on leur remettra, pour la seconde fois, tout ce qu'il faut pour écrire, mais qu'elles n'abusent plus de ma confiance! qu'elles ne m'attirent pas les soldats ici! Au premier pompon qui paraît dans la montagne, je leur fais couper la tête. Je le jure par la Vierge du Mégaspiléon, qui fut sculptée de la propre main de saint Luc!

— N'ayez aucun doute. J'engage la parole de ces dames et la mienne. Où voulez-vous que les fonds soient déposés?

— A la Banque nationale de Grèce. C'est la seule qui n'ait pas encore fait banqueroute.

— Avez-vous un homme sûr pour porter la lettre?

— J'ai le bon vieillard. On va le faire appeler.

Quelle heure est-il? Neuf heures du matin. Le révérend n'a pas encore assez bu pour être gris.

— Va pour le moine! Lorsque le frère de Mme Simons aura versé la somme et pris votre reçu, le moine viendra vous en porter la nouvelle.

— Quel reçu? Pourquoi un reçu? Je n'en ai jamais donné. Quand vous serez tous en liberté, on verra bien que vous m'avez payé ce qui m'était dû.

— Je croyais qu'un homme comme vous devait traiter les affaires à la mode d'Europe. En bonne administration...

— Je traite les affaires à ma guise, et je suis trop vieux pour changer la méthode.

— Comme il vous plaira. Je vous demandais cela dans l'intérêt de Mme Simons. Elle est tutrice de sa fille mineure, et elle lui devra compte de la totalité de sa fortune.

— Qu'elle s'arrange! Je me soucie de ses intérêts comme elle des miens. Quand elle payerait pour sa fille, le grand malheur! Je n'ai jamais regretté ce que je débourse pour Photini. Voici du papier, de l'encre et des roseaux. Soyez assez bon pour surveiller la rédaction de la lettre. Il y va de votre tête aussi. »

Je me levai tout penaud et je suivis ces dames, qui devinaient ma confusion sans en pénétrer la cause. Mais une inspiration soudaine me fit revenir sur mes pas. Je dis au Roi : « Décidément, vous avez bien fait de refuser le reçu, et j'ai eu tort de le demander. Vous êtes plus sage que moi; la jeunesse est imprudente.

— Qu'est-ce à dire?

— Vous avez raison, vous dis-je. Il faut

s'attendre à tout. Qui sait si vous n'essuierez pas une seconde défaite plus terrible que la première? Comme vous n'aurez pas toujours vos jambes de vingt ans, vous pourriez tomber vivant aux mains des soldats.

— Moi!

— On vous ferait votre procès comme à un simple malfaiteur; les magistrats ne vous craindraient plus. En pareille circonstance, un reçu de cent quinze mille francs serait une preuve accablante. Ne donnez pas d'armes à la justice contre vous. Peut-être Mme Simons ou ses héritiers se porteraient-ils parties civiles pour revendiquer ce qui leur a été pris. Ne signez jamais de reçus! »

Il répondit d'une voix tonnante : « J'en signerai! Et plutôt deux qu'un! J'en signerai tant qu'on en voudra! J'en signerai toujours, et à tout le monde. Ah! les soldats s'imaginent qu'ils auront bon marché de moi, parce qu'une fois le hasard et le nombre leur ont donné l'avantage! Je tomberais vivant entre leurs mains, moi dont le bras est à l'épreuve de la fatigue et la tête à l'épreuve des balles! J'irais m'asseoir sur un banc, devant un juge, comme un paysan qui a volé des choux! Jeune homme, vous ne connaissez pas encore Hadgi-Stavros. Il serait plus facile de déraciner le Parnès et de le planter sur la cime du Taygète, que de m'arracher de mes montagnes pour me jeter sur le banc d'un tribunal! Ecrivez-moi en grec le nom de Mme Simons! Bien. Le vôtre aussi!

— Il n'est pas nécessaire, et...

— Ecrivez toujours. Vous savez mon nom, et je suis sûr que vous ne l'oublierez pas. Je veux avoir le vôtre, pour m'en souvenir. »

Je griffonnai mon nom comme je pus, dans la

langue harmonieuse de Platon. Les lieutenants du Roi applaudirent à sa fermeté sans prévoir qu'elle lui coûtait cent quinze mille francs. Je courus, content de moi et le cœur léger, à la tente de Mme Simons. Je lui racontai que son argent l'avait échappé belle, et elle daigna sourire en apprenant comment je m'y étais pris pour voler nos voleurs. Une demi-heure après, elle soumit à mon approbation la lettre suivante :

« Du Parnèse,
au milieu des démons de ce Stavros.

« Mon cher frère,

« Les gendarmes que vous avez envoyés à notre secours nous ont trahies et volées indignement. Je vous recommande bien de les faire pendre. Il faudra une potence de cent pieds de haut pour leur capitaine Périclès. Je me plaindrai de lui particulièrement, dans la dépêche que je compte envoyer à lord Palmerston, et je lui consacrerai tout un paragraphe de la lettre que j'écrirai à l'éditeur du *Times*, dès que vous nous aurez remises en liberté.. Il est inutile de rien espérer des autorités locales. Tous les natifs s'entendent contre nous, et, le lendemain de notre départ, le peuple grec se rassemblera dans quelque coin pour partager nos dépouilles. Heureusement, ils auront peu de chose. J'ai appris par un jeune Allemand, que je prenais d'abord pour un espion et qui est un très honnête gentleman, que ce Stavros, *dit* Hadgi-Stavros, avait ses capitaux placés dans notre maison. Je vous prie de vérifier le fait, et, s'il est exact, rien ne nous empêche de payer la rançon qu'on exige de nous. Faites verser à la Banque de Grèce 115.000 francs (4.600 l. st.) contre un reçu régulier, scellé du sceau ordinaire de ce Stavros. On lui portera la somme en compte, et tout sera dit. Notre santé est bonne, quoique la vie de montagne ne soit nullement confortable. Il est monstrueux que deux Anglaises, citoyennes du plus grand empire du monde, soient réduites à manger leur rôti sans moutarde et sans *pickles*, et à boire de l'eau claire, comme le dernier des poissons.

« Dans l'espoir que vous ne tarderez pas à nous rendre à nos habitudes, je suis, mon cher frère,

« Très sincèrement votre

« Rebecca Simons.

« Lundi, 5 mai 1856. »

Je portai moi-même au Roi l'autographe de la bonne dame. Il le prit avec défiance et l'examina d'un œil si perçant, que je tremblais qu'il n'en pénétrât le sens. J'étais pourtant bien sûr qu'il ne savait pas un mot d'anglais. Mais ce diable d'homme m'inspirait une terreur superstitieuse, et je le croyais capable de miracles. Il ne parut satisfait que lorsqu'il arriva au chiffre de 4.600 livres sterling. Il vit bien alors qu'il ne s'agissait pas de gendarmes. La lettre fut déposée avec d'autres papiers dans un cylindre de fer blanc. On nous amena le *bon vieillard*, qui avait pris tout juste assez de vin pour se délier les jambes, et le Roi lui donna la boîte aux lettres avec les instructions précises. Il partit, et mon cœur courut avec lui jusqu'au terme de son voyage. Horace ne suivit pas d'un regard plus tendre le vaisseau qui portait Virgile.

Le Roi se radoucit beaucoup lorsqu'il put regarder cette grande affaire comme terminée. Il commanda pour nous un véritable festin; il fit distribuer double ration de vin à ses hommes :

il s'en alla voir les blessés et extraire de ses propres mains la balle de Sophoclis. Ordre fut donné à tous les bandits de nous traiter avec les égards dus à notre argent.

Le déjeuner que je fis sans témoins, dans la compagnie de ces dames, fut un des plus joyeux repas dont il me souvienne. Tous mes maux étaient donc finis! Je serais libre après deux jours de douce captivité. Peut-être même, au sortir des mains d'Hadgi-Stavros, une chaîne adorable!... je me sentais poète à la façon de Gessner. Je mangeai d'aussi bon cœur que Mme Simons, et je bus assurément de meilleur appétit. Je donnai sur le vin blanc d'Egine comme autrefois sur le vin de Santorin. Je bus à la santé de Mary-Ann, à la santé de sa mère, à la santé de mes bons parents et de la princesse Ypsoff. Mme Simons voulut entendre l'histoire de cette noble étrangère, et, ma foi, je ne lui en fis pas un secret. Les bons exemples ne sont jamais trop connus! Mary-Ann prêta à mon récit l'attention la plus charmante. Elle opina que la princesse avait bien fait, et qu'une femme doit prendre son bonheur où elle le trouve. La jolie parole! Les proverbes sont la sagesse des nations et quelquefois leur bonheur. J'étais lancé sur la pente de toutes les prospérités, et je me sentais rouler vers je ne sais quel paradis terrestre. O Mary-Ann! les matelots qui naviguent sur l'Océan n'ont jamais eu pour guides deux étoiles comme vos yeux!

J'étais assis devant elle. En lui faisant passer une aile de poulet, je m'approchai tellement, que je vis mon image se refléter deux fois en miniature entre ses cils noirs. Je me trouvai beau, monsieur, pour la première fois de ma vie. Le cadre faisait si bien valoir le tableau ! Une idée bizarre me traversa l'esprit. Je crus surprendre dans cet incident un arrêt de la destinée. Il me sembla que la belle Mary-Ann avait au fond du cœur l'image que je découvrais dans ses yeux.

Tout cela n'était pas de l'amour, je le sais bien, et je ne veux ni m'accuser ni me parer d'un sentiment que je n'ai jamais connu; mais c'était une amitié solide et qui suffit, je pense, à l'homme qui doit entrer en ménage. Aucune émotion turbulente ne remuait les fibres de mon cœur, mais je le sentais fondre lentement, comme un rayon de cire au feu d'un soleil si doux.

Sous l'influence de cette raisonnable extase, je racontai à Mary-Ann et à sa mère toute ma vie, depuis le premier jour. Je leur dépeignis la maison paternelle, la grande cuisine où nous mangions tous ensemble, les casseroles de cuivre pendues au mur par rang de taille, les guirlandes de jambons et de saucisses qui se déroulaient à l'intérieur de la cheminée, notre existence modeste bien souvent difficile, l'avenir de chacun de mes frères : Henri doit succéder à papa; Frédéric apprend l'état de tailleur; Frantz et Jean-Nicolas se sont engagés à dix-huit ans : l'un est brigadier dans la cavalerie, l'autre a déjà les galons de maréchal des logis. Je leur racontai mes études, mes examens, les petits succès que j'avais obtenus à l'université, le bel avenir de professeur auquel je pouvais prétendre, avec trois mille francs d'appointements pour le moins. Je ne sais pas jusqu'à quel point mon récit les intéressa, mais j'y prenais un plaisir extrême, et je me versais à boire de temps en temps.

Mme Simons ne me reparla point de nos projets

de mariage, et j'en fus bien aise. Mieux valait n'en pas dire un mot que d'en causer en l'air quand nous nous connaissions si peu. La journée s'écoula pour moi comme une heure; j'entends comme une heure de plaisir. Le lendemain parut un peu long à Mme Simons; quant à moi, j'aurais voulu arrêter le soleil dans sa course. J'enseignais les premiers éléments de la botanique à Mary-Ann. Ah! monsieur, le monde ne sait pas ce qu'on peut exprimer de sentiments tendres et délicats dans une leçon de botanique!

Enfin, le mercredi matin, le moine parut sur l'horizon. C'était un digne homme, à tout prendre, que ce petit moine. Il s'était levé avant le jour pour nous apporter la liberté dans sa poche. Il remit au Roi une lettre du gouverneur de la Banque, et à Mme Simons un billet de son frère. Hadgi-Stavros dit à Mme Simons : « Vous êtes libre, madame, et vous pouvez emmener mademoiselle votre fille. Je souhaite que vous n'emportiez pas de nos rochers un trop mauvais souvenir. Nous vous avons offert tout ce que nous avions; si le lit et la table n'ont pas été dignes de vous, c'est la faute des circonstances. J'ai eu ce matin un mouvement de vivacité que je vous prie d'oublier : il faut pardonner quelque chose à un général vaincu. Si j'osais offrir un petit présent à mademoiselle, je la prierais d'accepter une bague antique qu'on pourra rétrécir à la mesure de son doigt. Elle ne provient pas du brigandage : je l'ai achetée à un marchand de Nauplie. Mademoiselle montrera ce bijou en Angleterre en racontant sa visite à la cour du Roi des montagnes. »

Je traduisis fidèlement ce petit discours, et je

glissai moi-même l'anneau du Roi au doigt de Mary-Ann.

« Et moi, demandai-je au bon Hadgi-Stavros, n'emporterai-je rien en mémoire de vous?

— Vous, cher monsieur? Mais vous nous restez. Votre rançon n'est pas payée! »

Je me retournai vers Mme Simons, qui me tendit la lettre suivante :

« Chère sœur,
« Vérification faite, j'ai donné les 4.000 livres sterling contre le reçu. Je n'ai pas pu avancer les 600 autres, parce que le reçu n'était pas en votre nom, et qu'il aurait été impossible de les recouvrer. Je suis, en attendant votre chère présence,
« Tout à vous,
« EDWARD SHARPER. »

J'avais trop bien prêché Hadgi-Stavros. En bonne administration, il avait cru devoir envoyer deux reçus!

Mme Simons me dit à l'oreille : « Vous paraissez bien en peine! Y a-t-il de quoi faire une grimace pareille. Montrez donc que vous êtes un homme, et quittez cette physionomie de poule mouillée. Le plus fort est fait, puisque nous sommes sauvées, ma fille et moi, sans qu'il nous en coûte rien. Quant à vous, je suis tranquille; vous saurez bien vous évader. Votre premier plan, qui ne valait rien pour deux femmes, devient admirable depuis que vous êtes seul. Voyons, quel jour attendrons-nous votre visite? »

Je la remerciai cordialement. Elle m'offrait une si belle occasion de mettre au jour mes qualités personnelles et d'entrer de vive force dans l'estime de Mary-Ann! « Oui, madame, lui dis-je;

comptez sur moi. Je sortirai d'ici en homme de cœur, et tant mieux si je cours un peu de danger. Je suis bien aise que ma rançon ne soit pas payée, et je remercie monsieur votre frère de ce qu'il a fait pour moi. Vous verrez si un Allemand ne sait pas se tirer d'affaire. Oui, je vous donnerai bientôt de mes nouvelles!

— Une fois hors d'ici, ne manquez pas de vous faire présenter chez nous.

— Oh! madame!

— Et maintenant, priez ce Stavros de nous donner une escorte de cinq ou six brigands.

— Pour quoi faire, bon Dieu?

— Mais pour nous protéger contre les gendarmes. »

CHAPITRE VI
L'EVASION

Au milieu de nos adieux, il se répandit autour de nous une odeur alliacée qui me prit à la gorge. C'était la femme de chambre de ces dames qui venait se recommander à leur générosité. Cette créature avait été plus incommode qu'utile, et depuis deux jours on l'avait dispensée de tout service. Cependant Mme Simons regretta de ne pouvoir rien faire pour elle, et me pria de conter au Roi comment elle avait été dépouillée de son argent. Hadgi-Stavros ne parut ni surpris ni scandalisé. Il haussa simplement les épaules, et dit entre ses dents : « Ce Périclès !... mauvaise éducation... La ville... la cour... J'aurais dû m'attendre à cela. » Il ajouta tout haut : « Priez ces dames de ne s'inquiéter de rien. C'est moi qui leur ai donné une servante, c'est à moi de la payer. Dites-leur que, si elles ont besoin d'un peu d'argent pour retourner à la ville, ma bourse est à leur disposition. Je les fais escorter jusqu'au bas de la montagne, quoiqu'elles ne courent aucun danger. Les gendarmes sont moins à craindre qu'on ne pense généralement. Elles trouveront un déjeuner, des chevaux et un guide au village de Castia : tout est prévu et tout est payé. Pensez-vous qu'elles me fassent le plaisir de me donner la main, en signe de réconciliation ? »

Mme Simons se fit un peu tirer l'oreille, mais sa fille tendit résolument sa main au vieux pallicare. Elle lui dit en anglais, avec une espièglerie assez plaisante : « C'est beaucoup d'honneur que vous nous faites, très intéressant monsieur, car en ce moment c'est nous qui sommes les Clephtes, et vous qui êtes la victime. »

Le Roi répondit de confiance : « Merci, mademoiselle; vous avez trop de bonté. »

La jolie main de Mary-Ann était hâlée comme une pièce de satin rose qui serait restée en étalage pendant trois mois d'été. Cependant croyez bien que je ne me fis pas prier pour y appliquer mes lèvres. Je baisai ensuite le métacarpe austère de Mme Simons. « Bon courage! monsieur, » cria la vieille dame en s'éloignant. Mary-Ann ne dit rien; mais elle me lança un coup d'œil capable d'électriser une armée. De tels regards valent une proclamation.

Lorsque le dernier homme de l'escorte eut disparu, Hadgi-Stavros me prit à part et me dit : « Eh bien! nous avons donc fait quelque maladresse?

— Hélas! oui. *Nous* n'avons pas été adroits.

— Cette rançon n'est pas payée. Le sera-t-elle ? Je le crois. Les Anglaises ont l'air d'être au mieux avec vous.

— Soyez tranquille, sous trois jours je serai loin du Parnès.

— Allons, tant mieux! J'ai grand besoin d'argent, comme vous savez. Nos pertes de lundi vont grever notre budget. Il faut compléter le personnel et le matériel.

— Vous avez bonne grâce à vous plaindre! vous venez d'encaisser cent mille francs d'un coup!

— Non, quatre-vingt-dix : le moine a déjà prélevé la dîme. Sur cette somme qui vous semble énorme, il n'y aura pas vingt mille francs pour moi. Nos frais sont considérables; nous avons de lourdes charges. Que serait-ce donc si l'assemblée des actionnaires se décidait à fonder un hôtel des Invalides, comme il en a été question? Il ne manquerait plus que de faire une pension aux veuves et aux orphelins du brigandage! Comme les fièvres et les coups de fusil nous enlèvent trente hommes par an, vous voyez où cela nous conduirait. Nos frais seraient à peine couverts; j'y mettrais du mien, mon cher monsieur!

— Vous est-il jamais arrivé de perdre sur une affaire?

— Une seule fois. J'avais touché cinquante mille francs pour le compte de la société. Un de mes secrétaires, que j'ai pendu depuis, s'enfuit en Thessalie avec la caisse. J'ai dû combler le déficit : je suis responsable. Ma part s'élevait à sept mille francs; j'en ai donc perdu quarante-trois mille. Mais le drôle qui m'avait volé l'a payé cher. Je l'ai puni à la mode de Perse. Avant de le pendre, on lui a arraché toutes les dents l'une après l'autre et on les lui a plantées à coup de marteau dans le crâne... pour le bon exemple, vous entendez? Je ne suis pas méchant, mais je ne souffre pas qu'on me fasse du tort. »

Je me réjouis à l'idée que le pallicare, qui n'était pas méchant, perdrait quatre-vingt mille francs sur la rançon de Mme Simons, et qu'il en recevrait la nouvelle lorsque mon crâne et mes dents ne seraient plus à sa portée. Il passa son bras sous le mien et me dit familièrement :

« Comment allez-vous faire pour tuer le temps jusqu'à votre départ? Ces dames vont vous manquer et la maison vous paraîtra grande. Voulez-vous jeter un coup d'œil sur les journaux d'Athènes? le moine me les a apportés. Moi, je ne les lis presque jamais. Je sais au juste prix ce que valent les articles de journal, puisque je les paye. Voici la *Gazette officielle*, l'*Espérance*, le *Pallicare*, la *Caricature*. Tout cela doit parler de nous. Pauvres abonnés! Je vous laisse. Si vous trouvez quelque chose de curieux, vous me le conterez. »

L'*Espérance*, rédigée en français et destinée à jeter de la poudre aux yeux de l'Europe, avait consacré un long article à démentir les dernières nouvelles du brigandage. Elle plaisantait spirituellement les voyageurs naïfs qui voient un voleur dans tout paysan déguenillé, une bande armée dans chaque nuage de poussière, et qui demandent grâce au premier buisson qui les arrête par la manche de leur habit. Cette feuille véridique vantait la sécurité des chemins, célébrait le désintéressement des indigènes, exaltait le calme et le recueillement qu'on est sûr de trouver sur toutes les montagnes du royaume.

Le *Pallicare*, rédigé sous l'inspiration de quelques amis d'Hadgi-Stavros, contenait une biographie éloquente de son héros. Il racontait que ce Thésée des temps modernes, le seul homme de notre siècle qui n'eût jamais été vaincu, avait tenté une forte reconnaissance dans la direction des roches Scironiennes. Trahi par la mollesse de ses compagnons, il s'était retiré avec des pertes insignifiantes. Mais, saisi d'un profond dégoût pour une profession dégénérée, il renonçait désormais à l'exercice du brigandage et quittait le sol de la Grèce; il s'expatriait en Europe, où sa fortune, glorieusement acquise, lui permettrait de vivre en prince. « Et maintenant, ajoutait le *Pallicare*, allez, venez, courez dans la plaine et dans la montagne ! Banquiers et marchands, Grecs, étrangers, voyageurs, vous n'avez plus rien à craindre : le Roi des montagnes a voulu, comme Charles-Quint, abdiquer au plus haut de sa gloire et de sa puissance. »

On lisait dans la *Gazette officielle* :

« Dimanche, 3 courant, à cinq heures du soir, la caisse militaire que l'on dirigeait sur Argos, avec une somme de vingt mille francs, a été attaquée par la bande d'Hadgi-Stavros, connu sous le nom de Roi des montagnes. Les brigands, au nombre de trois ou quatre cents, ont fondu sur l'escorte avec une fureur incroyable. Mais les deux premières compagnies du 2ᵉ bataillon du 4ᵉ de ligne, sous le commandement du brave major Nicolaïdis, ont opposé une résistance héroïque. Les sauvages agresseurs ont été repoussés à coups de baïonnette, en laissant le champ de bataille couvert de morts. Hadgi-Stavros est, dit-on, grièvement blessé. Nos pertes sont insignifiantes.

« Le même jour, à la même heure, les troupes de Sa Majesté remportaient une autre victoire à dix lieues de distance. C'est vers le sommet du Parnès, à quatre stades de Castia, que la 2ᵉ compagnie du 1ᵉʳ bataillon de gendarmerie a défait la bande d'Hadgi-Stavros. Là encore, suivant le rapport du brave capitaine Périclès, le Roi des montagnes aurait reçu un coup de feu. Malheureusement ce succès a été payé cher. Les brigands, abrités par les rochers et les buissons, ont tué ou blessé grièvement dix gendarmes. Un jeune officier de grande espérance, M. Spiro, élève sortant de l'école des Evelpides, a trouvé sur le champ de bataille une mort glorieuse. En présence de si grands malheurs, ce n'est pas une médiocre consolation de penser que là, comme partout, force est restée à la loi. »

Le journal la *Caricature* contenait une lithographie mal dessinée, où je reconnus cependant les portraits du capitaine Périclès et du Roi des montagnes. Le filleul et le parrain se tenaient étroitement embrassés. Au bas de cette image, l'artiste avait écrit la légende suivante :

COMME ILS SE BATTENT !

« Il paraît, dis-je en moi-même, que je ne suis pas seul dans la confidence, et que le secret de Périclès ressemblera bientôt au secret de Polichinelle. »

Je repliai les journaux, et en attendant le retour du Roi, je méditai sur la position où Mme Simons m'avait laissé. Certes, il était glorieux de ne devoir ma liberté qu'à moi-même, et mieux valait sortir de prison par un trait de courage que par une ruse d'écolier. Je pouvais, du jour au lendemain, passer à l'état de héros de roman et devenir un objet d'admiration pour toutes les demoiselles de l'Europe. Nul doute que Mary-Ann ne se prît à m'adorer lorsqu'elle me reverrait sain et sauf après une évasion périlleuse. Cependant le pied pouvait me manquer dans cette formidable glissade. Si je me cassais un bras ou une jambe, Mary-Ann verrait-elle de bon œil un héros boiteux ou manchot ? De plus, il fallait m'attendre à être gardé nuit et jour. Mon plan, si ingénieux qu'il fût, ne pouvait s'exécuter qu'après la mort de mon gardien. Tuer un homme n'est pas une petite affaire, même pour un docteur. Cela n'est rien en paroles, surtout lorsqu'on parle à la femme qu'on aime. Mais depuis le départ de Mary-Ann je n'avais plus la tête à l'envers. Il me semblait moins facile de me procurer une arme et moins commode de m'en servir. Un coup de poignard est une opération chirurgicale qui doit donner la chair de poule à tout homme de bien. Qu'en dites-vous, monsieur? Moi, je pensai que ma future belle-mère avait peut-être agi légèrement avec son gendre en espérance. Il ne lui coûtait pas beaucoup de m'envoyer quinze mille francs de rançon, quitte à les imputer ensuite sur la dot de Mary-Ann. Quinze mille francs seraient peu de chose pour moi le jour du mariage. C'était beaucoup dans l'état où je me trouvais, à la veille d'égorger un homme et de descendre quelques centaines de mètres par une échelle sans échelons. J'en vins à maudire Mme Simons aussi cordialement que la plupart des gendres maudissent leur belle-mère dans tous les pays civilisés. Comme j'avais des malédictions à revendre, j'en dirigeai aussi quelques-unes contre mon excellent ami John Harris, qui m'abandonnait à mon sort. Je me disais que, s'il eût été à ma place et moi à la sienne, je ne l'aurais pas laissé huit grands jours sans nouvelles. Passe encore pour Lobster, qui était trop jeune; pour Giacomo, qui n'était qu'une force inintelligente, et pour M. Mérinay, dont je connaissais l'égoïsme renforcé! On pardonne aisément une trahison aux égoïstes, parce qu'on a pris l'habitude de ne point compter sur eux. Mais Harris, qui avait exposé sa vie pour sauver une vieille négresse de Boston! Est-ce que je ne valais pas une négresse? Je croyais, en bonne justice, en valoir au moins deux ou trois.

Hadgi-Stavros vint changer le cours de mes idées en m'offrant un moyen d'évasion plus simple et moins dangereux. Il n'y fallait que des jambes, et Dieu merci, c'est un bien dont je ne suis pas dépourvu. Le Roi me surprit au moment où je bâillais comme le plus humble des animaux.

« Vous vous ennuyez? me dit-il. C'est la lecture. Je n'ai jamais pu ouvrir un livre sans danger pour mes mâchoires. Je vois avec plaisir que les docteurs n'y résistent pas mieux que moi. Mais pourquoi n'employez-vous pas mieux le temps qui vous reste? Vous étiez venu ici pour cueillir les plantes de la montagne; il ne paraît pas que votre boîte se soit remplie dans ces huit jours. Voulez-vous que je vous envoie en promenade sous la surveillance de deux hommes? Je suis trop bon prince pour vous refuser cette petite faveur. Il faut que chacun fasse son métier en ce bas monde. A vous les herbages, à moi l'argent. Vous direz à ceux qui vous ont envoyé ici : « Voilà des herbes cueillies dans le « royaume d'Hadgi-Stavros ! » Si vous en trouviez une qui fût belle et curieuse, et dont on n'eût jamais entendu parler dans votre pays, il faudrait lui donner mon nom et l'appeler la Reine des montagnes.

— Mais au fait! pensai-je, si j'étais à une lieue d'ici, entre deux brigands, il ne serait pas trop malaisé de les gagner de vitesse. Le danger doublerait mes forces; il n'en faut point douter. Celui qui court le mieux est celui qui a le plus grand intérêt à courir! Pourquoi le lièvre est-il le plus vif de tous les animaux? Parce qu'il est le plus menacé. »

J'acceptai l'offre du Roi, et, séance tenante, il plaça deux gardes du corps auprès de ma personne. Il ne leur fit pas de recommandations minutieuses. Il leur dit simplement :

« C'est un milord de quinze mille francs; si vous le laissez perdre, il faudra le payer ou le remplacer. »

Mes acolytes ne ressemblaient nullement à des invalides : ils n'avaient ni blessure, ni contusion, ni avarie d'aucune sorte; leurs jarrets étaient d'acier, et il ne fallait pas espérer que leurs pieds se trouveraient gênés dans leur chaussure, car ils portaient des mocassins très amples qui laissaient voir le talon. En les passant en revue, je signalai, non sans regret, deux pistolets aussi longs que des fusils d'enfant. Cependant je ne perdis pas courage. A force de fréquenter la mauvaise compagnie, le sifflement des balles m'était devenu familier. Je sanglai ma boîte sur mes épaules et je partis.

« Bien du plaisir! me cria le Roi.
— Adieu, sire!
— Non pas, s'il vous plaît; au revoir! »

J'entraînai mes compagnons dans la direction d'Athènes : c'était autant de pris sur l'ennemi. Ils ne firent aucune résistance, et me permirent d'aller où je voulais. Ces brigands, beaucoup mieux élevés que les quatre gendarmes de Périclès, laissaient à mes mouvements toute la latitude désirable. Je ne sentais point à chaque pas leurs coudes s'enfoncer dans mes flancs. Ils herborisaient, de leur côté, pour le repas du soir. Quant à moi, je paraissais très âpre à la besogne : j'arrachais à droite et à gauche des touffes de gazon qui n'en pouvaient mais; je feignais de choisir un brin d'herbe dans la masse, et je le déposais précieusement au fond de ma boîte, en prenant garde de ne point me surcharger : c'était bien assez du fardeau que je portais. J'avais remarqué dans une course de chevaux qu'un admirable jockey s'était laissé battre parce qu'il portait une surcharge de cinq kilogrammes. Mon attention semblait attachée à la terre, mais vous pouvez croire qu'il n'en était rien. En semblable circonstance, on n'est plus botaniste, on est prisonnier. Pellisson ne se serait pas amusé aux araignées s'il avait eu seulement un clou pour scier ses barreaux. J'ai peut-être rencontré ce jour-là des plantes inédites qui auraient fait la fortune d'un naturaliste; mais je m'en souciais comme d'une giroflée jaune. Je suis sûr d'avoir passé auprès d'un admirable pied de *Boryana variabilis* : il pesait une demi-livre avec les racines. Je ne lui fis pas l'honneur d'un regard; je ne voyais que deux choses: Athènes à l'horizon, et les brigands à mes côtés. J'épiais les yeux de mes coquins, dans l'espoir qu'une bonne distraction me délivrerait de leur surveillance; mais, qu'ils fussent sous ma main ou à dix pas de ma personne, qu'ils fussent occupés à cueillir leur salade ou à regarder voler les vautours, ils avaient toujours au moins un œil braqué sur mes mouvements.

L'idée me vint de leur créer une occupation sérieuse. Nous étions dans un sentier assez droit, qui s'en allait évidemment vers Athènes. J'avisai à ma gauche une belle touffe de genêts que les soins de la Providence avaient fait croître au sommet d'un rocher. Je feignis d'en avoir envie comme d'un trésor. J'escaladai à cinq ou six reprises le talus escarpé qui la protégeait. Je fis tant, qu'un de mes gardiens eut pitié de mon embarras, et offrit de me faire la courte échelle. Ce n'était pas précisément mon compte. Il fallut bien accepter ses services; mais, en me hissant sur ses épaules, je le meurtris si outrageusement d'un coup de mes souliers ferrés, qu'il hurla de douleur et me laissa tomber à terre. Son camarade, qui s'intéressait au succès de l'entreprise, lui dit : « Attends! Je vais monter à la place du milord, moi qui n'ai pas de clous à mes souliers. » Aussitôt dit que fait; il s'élance, saisit la plante par la tige, la secoue, l'ébranle, l'arrache et pousse un cri. Je courais déjà, sans regarder en arrière. Leur stupéfaction me donna dix bonnes secondes d'avance. Mais ils ne perdirent pas de temps à s'accuser l'un l'autre, car bientôt j'entendis leurs pas qui me suivaient de loin. Je redoublai la vitesse : le chemin était beau, égal, uni, fait pour moi. Nous descendions une pente rapide. J'allais éperdument, les bras collés au corps, sans sentir les pierres qui roulaient sur mes talons, et sans regarder où je posais mes pieds. L'espace fuyait sous moi; rochers et buissons semblaient courir en sens inverse aux deux côtés de la route; j'étais léger, j'étais rapide, mon corps ne pesait rien : j'avais des ailes. Mais ce bruit de quatre pieds fatiguait mes oreilles. Tout à coup ils s'arrêtent, je n'entends plus rien. Seraient-ils las de me poursuivre? Un petit nuage de poussière s'élève à dix pas devant moi. Un peu plus loin une tache blanche s'applique brusquement sur un rocher gris. Deux détonations retentissent en même temps.

Les brigands venaient de décharger leurs pistolets, j'avais essuyé le feu de l'ennemi et je courais toujours. La poursuite recommence;

j'entends deux voix haletantes qui me crient : « Arrête ! arrête ! » Je n'arrête pas. Je perds le chemin, et je cours toujours, sans savoir où je vais. Un fossé se présente, large comme une rivière ; mais j'étais trop bien lancé pour mesurer les distances. Je saute : je suis sauvé. Mes bretelles cassent, je suis perdu !

Vous riez ! Je voudrais bien vous voir courir sans bretelles, en tenant des deux mains la ceinture de votre pantalon ! Cinq minutes après, monsieur, les brigands m'avaient rattrapé. Ils s'étaient cotisés pour me mettre des menottes aux poignets, des entraves aux jambes, et ils me poussaient à grands coups de gaule vers le camp d'Hadgi-Stavros.

Le Roi me reçut comme un banqueroutier qui lui aurait emporté quinze mille francs. « Monsieur, me dit-il, j'avais une autre idée de vous. Je pensais me connaître en hommes : votre physionomie m'a bien trompé. Je n'aurais jamais cru que vous fussiez capable de nous faire tort, surtout après la conduite que j'avais tenue envers vous. Ne vous étonnez pas si je prends désormais des mesures sévères : c'est vous qui m'y forcez. Vous serez interné dans votre chambre jusqu'à nouvel ordre. Un de mes officiers vous tiendra compagnie sous votre tente. Ceci n'est encore qu'une précaution. En cas de récidive, c'est à un châtiment qu'il faudrait vous attendre. Vasile, c'est toi que je commets à la garde de monsieur. »

Vasile me salua avec sa politesse ordinaire.

« Ah ! misérable ! pensai-je en moi-même, c'est toi qui jettes les petits enfants dans le feu ! c'est toi qui as pris la taille de Mary-Ann ! c'est toi qui as voulu me poignarder le jour de l'Ascension.

Eh bien ! j'aime mieux avoir affaire à toi qu'à un autre. »

Je ne vous raconterai pas les trois jours que je passai dans ma chambre en compagnie de Vasile. Le drôle m'a procuré là une dose d'ennui que je ne veux partager avec personne. Il ne me voulait aucun mal ; il avait même une certaine sympathie pour moi. Je crois que, s'il m'eût fait prisonnier pour son propre compte, il m'aurait relâché sans rançon. Ma figure lui avait plu dès le premier coup d'œil. Je lui rappelais un frère cadet qu'il avait perdu en Cour d'assises. Mais ces démonstrations d'amitié m'importunaient cent fois plus que les plus mauvais traitements. Il n'attendait pas le lever du soleil pour me donner le bonjour ; à la tombée de la nuit, il ne manquait jamais de me souhaiter des prospérités dont la liste était longue. Il me secouait, au plus profond de mon repos, pour s'informer si j'étais bien couvert. A table, il me servait comme un bon domestique ; au dessert, il me contait des histoires ou me priait de lui en apprendre. Et toujours la griffe en avant pour me serrer la main ! J'opposais à son bon vouloir une résistance acharnée. Outre qu'il me semblait inutile de coucher un rôtisseur d'enfants sur la liste de mes amis, je n'étais nullement curieux de presser la main d'un homme dont j'avais décidé la mort. Ma conscience me permettait bien de le tuer : n'étais-je pas dans le cas de légitime défense ? mais je me serais fait scrupule de le tuer par trahison, et je devais au moins le mettre sur ses gardes par mon attitude hostile et menaçante. Tout en repoussant ses avances, en dédaignant ses politesses, en rebutant ses attentions, je guettais soigneusement l'occasion de m'échapper; mais son amitié, plus vigilante que la haine, ne me perdait pas de vue un seul instant. Lorsque je me penchais sur la cascade pour graver dans ma mémoire les accidents du terrain, Vasile m'arrachait à ma contemplation avec une sollicitude maternelle. « Prends garde! disait-il en me tirant par les pieds; si tu tombais, par malheur, je me le reprocherais toute ma vie. » Lorsque, la nuit, j'essayais de me lever à la dérobée, il sautait hors de son lit en demandant si j'avais besoin de quelque chose. Jamais on n'avait vu un coquin plus éveillé. Il tournait autour de moi comme un écureuil en cage.

Ce qui me désespérait par-dessus tout, c'était sa confiance en moi. Je témoignai un jour le désir d'examiner ses armes. Il me mit son poignard dans la main. C'était un poignard russe, en acier damasquiné, de la fabrique de Toula. Je tirai la lame du fourreau, j'essayai la pointe sur mon doigt, je la dirigeai sur sa poitrine en choisissant la place, entre la quatrième et la cinquième côte. Il me dit en souriant : « N'appuie pas, tu me tuerais. » Certes, monsieur, en appuyant un peu je lui aurais fait justice, mais quelque chose me retint le bras. Il est regrettable que les honnêtes gens aient tant de peine à tuer les assassins, qui en ont si peu à tuer les honnêtes gens. Je remis le poignard au fourreau. Vasile me tendit son pistolet, mais je refusai de le prendre, et je lui dis que ma curiosité était satisfaite. Il arma le chien, me fit voir l'amorce, appuya le canon sur sa tête, et me dit : Voilà! tu n'aurais plus de gardien. »

Plus de gardien! Et! parbleu! c'est ce que je voulais. Mais l'occasion était trop belle, et le traître me paralysait. Si je l'avais tué dans un pareil moment, je n'aurais pas pu soutenir son dernier regard. Mieux valait faire mon coup pendant la nuit. Par malheur, au lieu de cacher ses armes, il les déposait ostensiblement entre son lit et le mien.

Je finis par trouver un moyen de fuir sans l'éveiller et sans l'égorger. Cette idée me vint le dimanche 11 mai, à six heures. J'avais remarqué, le jour de l'Ascension, que Vasile aimait à boire et qu'il portait mal le vin. Je l'invitai à dîner avec moi. Ce témoignage d'amitié lui monta la tête : le vin d'Egine fit le reste. Hadgi-Stavros, qui ne m'avait pas honoré d'une visite depuis que je n'avais plus son estime, se conduisit encore en hôte généreux. Ma table était mieux servie que la sienne. J'aurais pu boire une outre de vin et un tonneau de rhaki. Vasile, admis à prendre sa part de ces magnificences, commença le repas avec une humilité touchante. Il se tenait à trois pieds de la table, comme un paysan invité chez son seigneur. Peu à peu le vin rapprocha les distances A huit heures du soir, mon gardien m'expliquait son caractère. A neuf heures, il me racontait, en balbutiant, les aventures de sa jeunesse, et une série d'exploits qui auraient fait dresser les cheveux d'un juge d'instruction. A dix heures, il tomba dans la philanthropie : ce cœur d'acier trempé fondait dans le rhaki, comme la perle de Cléopâtre dans le vinaigre. Il me jura qu'il s'était fait brigand par amour de l'humanité; qu'il voulait faire sa fortune en dix ans, fonder un hôpital avec ses économies, et se retirer ensuite dans un couvent du mont Athos. Il promit de ne pas m'oublier dans ses prières. Je profitai de ces bonnes dispositions pour lui ingérer une énorme tasse de rhaki. J'aurais pu lui offrir de la poix enflammée : il était trop mon ami pour rien refuser de moi. Bientôt il perdit la voix; sa tête pencha de droite à gauche et de gauche à droite avec la régularité d'un balancier; il me tendit la main, rencontra un restant de rôti, le serra cordialement, se laissa tomber à la renverse, et s'endormit du sommeil des sphinx d'Egypte, que le canon français n'a pas éveillés.

Je n'avais pas un instant à perdre : les minutes étaient d'or. Je pris son pistolet, que je lançai dans le ravin. Je saisis son poignard, et j'allais l'expédier dans la même direction, lorsque je réfléchis qu'il pouvait me servir à tailler des mottes de gazon. Ma grosse montre marquait onze heures. J'éteignis les deux foyers de bois résineux qui éclairaient notre table : la lumière pouvait attirer l'attention du Roi. Il faisait beau. Pas plus de lune que sur la main, mais des étoiles en profusion : c'était bien la nuit qu'il me fallait. Le gazon, découpé par longues bandes, s'enlevait comme une pièce de drap. Mes matériaux furent prêts au bout d'une heure. Comme je les portais à la source, je donnai du pied contre Vasile. Il se souleva pesamment et me demanda, par habitude, si j'avais besoin de quelque chose. Je laissai choir mon fardeau, je m'assis auprès de l'ivrogne, et je le priai de boire encore un coup à ma santé. « Oui, dit-il; j'ai soif. » Je lui remplis pour la dernière fois la coupe de cuivre. Il en but moitié, répandit le reste sur son menton et sur son cou, essaya de se lever, retomba sur la face, étendit les bras en avant et ne bougea plus. Je courus à ma digue, et tout novice que j'étais, le ruisseau fut solidement barré en quarante-cinq minutes: il était une heure moins un quart. Au bruit de la cascade succéda un silence profond. La peur me prit. Je réfléchis que le Roi devait avoir le sommeil léger, comme tous les vieillards, et que ce silence inusité l'éveillerait probablement. Dans le tumulte d'idées qui me remplissait l'esprit, je me souvins d'une scène du *Barbier de Séville,* où Bartholo s'éveille dès qu'il cesse d'entendre le piano. Je me glissai le long des arbres jusqu'à l'escalier, et je parcourus des yeux le cabinet d'Hadgi-Stavros. Le Roi reposait paisiblement aux côtés de son chiboudgi. Je me glissai jusqu'à vingt pas de son sapin, je tendis l'oreille : tout dormait. Je revins à ma digue à travers une flaque d'eau glacée qui montait déjà jusqu'à mes chevilles. Je me penchai sur l'abîme.

Le flanc de la montagne miroitait imperceptiblement. On apercevait d'espace en espace quelques cavités où l'eau avait séjourné. J'en pris bonne note : c'étaient autant de places où je pouvais mettre le pied. Je retournai à ma tente, je pris ma boîte, qui était suspendue au-dessus de mon lit, et je l'attachai sur mes épaules. En passant par l'endroit où nous avions dîné, je ramassai le quart d'un pain et un morceau de viande que l'eau n'avait pas encore mouillés. Je serrai ces provisions dans ma boîte pour mon déjeuner du lendemain. La digue tenait bon, la brise devait avoir séché ma route; il était tout près de deux heures. J'aurais voulu, en cas de mauvaise rencontre, emporter le poignard de Vasile. Mais il était sous l'eau, et je ne perdis pas mon temps à le chercher. J'ôtai mes souliers, et je les liai ensemble par les cordons et je les pendis aux courroies de ma boîte. Enfin, après avoir songé à tout, jeté un dernier coup d'œil à mes travaux de terrassement, évoqué les souvenirs de la maison paternelle et envoyé un baiser dans la direction d'Athènes et de Mary-Ann, j'allongeai une jambe par-dessus, le parapet je pris à deux mains un arbuste qui pendait sur l'abîme, et je me mis en voyage à la garde de Dieu.

C'était une rude besogne, plus rude que je ne l'avais supposé de là-haut. La roche mal essuyée me procurait une sensation de froid humide, comme le contact d'un serpent. J'avais mal jugé des distances, et les points d'appui étaient beaucoup plus rares que je ne l'espérais. Deux fois je fis fausse route en inclinant sur la gauche. Il fallut revenir, à travers des difficultés incroyables. L'espérance m'abandonna souvent, mais non la volonté. Le pied me manqua : je pris une ombre pour une saillie, et je tombai de quinze ou vingt pieds de haut, collant mes mains et tout mon corps au flanc de la montagne, sans trouver où me retenir. Une racine de figuier me rattrapa par la manche de mon paletot : vous en voyez ici les marques. Un peu plus loin, un oiseau blotti dans un trou s'échappa si brusquement entre mes jambes, que la peur me fit presque tomber à la renverse. Je marchais des pieds et des mains, surtout des mains. J'avais les bras rompus, et j'entendais trembler tous les tendons comme les cordes d'une harpe. Mes ongles étaient si cruellement endoloris, que je ne les sentais plus. Peut-être aurais-je eu plus de force, si j'avais pu mesurer le chemin qui me restait à faire; mais quand j'essayais de retourner la tête en arrière, le vertige me prenait et je me sentais aller à l'abandon. Pour soutenir mon courage, je m'exhortais moi-même ; je me parlais tout haut entre mes dents serrées. Je me disais : « Encore un pas pour mon père ! encore un pas pour Mary-Ann ! encore un pas pour la confusion des brigands et la rage d'Hadgi-Stavros. »

Enfin mes pieds posèrent sur une plate-forme plus large. Il me sembla que le sol avait changé de couleur. Je pliai les jarrets, je m'assis, je retournai timidement la tête. Je n'étais plus qu'à dix pieds du ruisseau : j'avais gagné les rochers rouges. Une surface plane, percée de petits trous où l'eau séjournait encore, me permit de prendre haleine et de me reposer un peu. Je tirai ma montre : il n'était que deux heures et demie. J'aurais cru, quant à moi, que mon voyage avait duré trois nuits. Je me tâtai bras et jambes, pour voir si j'étais au complet ; dans ces sortes d'expéditions, on sait ce qui part, on ne sait pas ce qui arrive. J'avais eu du bonheur : j'en étais quitte pour quelques contusions et deux ou trois écorchures. Le plus malade était mon paletot. Je levai les yeux en l'air, non pas encore pour remercier le ciel, mais pour m'assurer que rien ne bougeait dans mon ancien domicile. Je n'entendis que quelques gouttes d'eau qui filtraient à travers ma digue. Tout allait bien ; mes derrières étaient assurés ; je savais où trouver Athènes : adieu donc au Roi des montagnes !

J'allais sauter au fond du ravin, quand une forme blanchâtre se dressa devant moi, et j'entendis le plus furieux aboiement qui ait jamais éveillé les échos à pareille heure. Hélas! monsieur, j'avais compté sans les chiens de mon hôte. Ces ennemis de l'homme rôdaient à toute heure autour du camp, et l'un d'eux m'avait flairé. Ce que j'éprouvai de fureur et de haine à sa rencontre est impossible à dire; on ne déteste pas à ce point un être déraisonnable. J'aurais mieux aimé me trouver face à face avec un loup, avec un tigre ou un ours blanc, nobles bêtes qui m'auraient mangé sans rien dire, mais qui ne m'auraient pas dénoncé. Les animaux féroces vont à la chasse pour eux-mêmes; mais que penser de cet horrible chien qui m'allait dévorer bruyamment pour faire sa cour au vieil Hadgi-Stavros? Je le criblai d'injures; je fis pleuvoir sur lui les noms les plus odieux; mais j'avais beau faire, il parlait plus haut que moi. Je changeai de note, j'essayai l'effet des bonnes paroles, je l'interpellai doucement en grec, dans la langue de ses pères; il ne savait qu'une réponse à tous mes propos, et sa réponse ébranlait la montagne. Je fis silence, c'était une idée; il se tut. Je me couchai parmi les flaques d'eau; il s'étendit au pied du rocher en grognant entre ses dents. Je feignis de dormir; il dormit. Je me laissai glisser insensiblement vers le ruisseau; il se leva d'un bond, et je n'eus que le temps de remonter sur mon piédestal. Mon chapeau resta entre les mains ou plutôt entre les dents de l'ennemi. L'instant d'après, ce n'était plus rien qu'une pâte, une marmelade, une bouillie de chapeau! Pauvre chapeau! je le plaignais; je me mettais à sa place. Si j'avais pu sortir d'affaire moyennant quelques morsures, je n'y aurais pas regardé de trop près, j'aurais fait la part du chien. Mais ces monstres-là ne se contentent pas de mordre les gens, ils les mangent !

Je m'avisai que sans doute il avait faim ; que, si je trouvais de quoi le rassasier, il me mordrait probablement encore, mais il ne me mangerait plus. J'avais des provisions, j'en fis le sacrifice ; mon seul regret était de n'en avoir pas cent fois plus. Je lui lançai la moitié de mon pain ; il l'engloutit comme un gouffre : figurez-vous un caillou qui tombe dans un puits. Je regardais piteusement le peu qui me restait à lui offrir, quand je reconnus au fond de la boîte un paquet blanc qui me donna des idées. C'était une petite provision d'arsenic, destinée à mes préparations zoologiques. Je m'en servais pour empailler des oiseaux, mais aucune loi ne me défendait d'en glisser quelques grammes dans l'enveloppe du chien. Mon interlocuteur, mis en appétit, ne demandait qu'à poursuivre son repas. « Attends, lui dis-je, je vais te servir un plat de ma façon... » Le paquet contenait environ trente-cinq grammes d'une jolie poudre blanche et brillante. J'en versai cinq ou six dans un petit réservoir d'eau claire, et je remis le reste dans ma poche. Je délayai soigneusement la part de l'animal ; j'attendis que l'acide arsénieux fût bien dissous ; je plongeai dans la solution un morceau de pain qui but tout, comme une éponge. Le chien s'élança de bon appétit et avala sa mort en une bouchée.

Mais pourquoi ne m'étais-je pas muni d'un peu de strychnine, ou de quelque autre bon poison plus foudroyant que l'arsenic ? Il était plus de trois heures, et les essais de mon invention se firent cruellement attendre. Vers la demie, le chien se mit à hurler de toutes ses forces. Je n'y gagnais pas beaucoup : aboiements ou hurlements, cris de fureur ou cris d'angoisse, allaient toujours au même but, c'est-à-dire aux oreilles d'Hadgi-Stavros. Bientôt l'animal se tordit dans des convulsions horribles; il écuma; il fut pris de nausées, il fit des efforts violents pour chasser le poison qui le dévorait. C'était un spectacle bien doux pour moi, et je goûtais savoureusement le plaisir des dieux; mais la mort de l'ennemi pouvait seule me sauver, et la mort se faisait tirer l'oreille. J'espérais que, vaincu par la douleur, il finirait par me livrer passage; mais il s'acharnait contre moi, il me montrait sa gueule baveuse et sanguinolente, comme pour me reprocher mes présents et me dire qu'il ne mourrait pas sans vengeance. Je lui lançai mon mouchoir de poche : il le déchira aussi vigoureusement que mon chapeau. Le ciel commençait à s'éclaircir, et je pressentais bien que j'avais commis un meurtre inutile. Une heure encore, et les brigands seraient sur mes bras. Je levais la tête vers cette chambre maudite que j'avais quittée sans esprit de retour, et où la puissance d'un chien allait me faire rentrer. Une cataracte formidable me renversa la face contre terre.

Des mottes de gazon, des cailloux, des fragments de rocher roulèrent autour de moi avec un torrent d'eau glaciale. La digue était rompue, et le lac tout entier se vidait sur ma tête. Un tremblement me saisit : chaque flot en passant emportait quelques degrés de ma chaleur animale, et mon sang devenait aussi froid que le sang d'un poisson. Je jette les yeux sur le chien : il était toujours au pied de mon rocher, luttant contre la mort, contre le courant, contre tout, la gueule ouverte et les yeux braqués sur moi. Il fallait en finir. Je détachai ma boîte, je la pris par les deux sangles, et je frappai cette hideuse tête avec tant de fureur que l'ennemi me laissa le champ de bataille. Le torrent le prit en flanc, le roula deux ou trois fois sur lui-même, et le porta je ne sais où.

Je saute dans l'eau : j'en avais jusqu'à mi-corps : je me cramponne aux rochers de la rive; je sors du courant, j'aborde sur la rive, je me secoue et je crie : Hourra pour Mary-Ann !

Quatre brigands sortent de terre et me prennent au collet en disant : « Te voilà donc, assassin ! Venez tous ! nous le tenons ! le Roi sera content ! Vasile sera vengé ! »

Il paraît que, sans le savoir, j'avais noyé mon ami Vasile.

En ce temps-là, monsieur, je n'avais pas encore tué d'hommes : Vasile était mon premier. J'en ai abattu bien d'autres depuis, à mon corps défendant, et uniquement pour sauver ma vie; mais Vasile est le seul qui m'ait laissé des remords, quoique sa fin soit le résultat d'une imprudence fort innocente. Vous savez ce que c'est qu'un premier pas ! Aucun assassin découvert par la police et reconduit de brigade en brigade jusqu'au théâtre de son crime ne baissa la tête plus humblement que moi. Je n'osais lever les yeux sur les braves gens qui m'avaient arrêté; je ne me sentais pas la force de soutenir leurs regards réprobateurs; je pressentais, en tremblant, une épreuve redoutable : j'étais sûr de comparaître devant mon juge et d'être mis en présence de ma victime. Comment affronter les sourcils du Roi des montagnes, après ce que j'avais fait? Comment revoir sans mourir de honte, le corps inanimé du malheureux Vasile? Plus d'une fois mes genoux se dérobèrent sous moi, et je serais resté en route, sans les coups de pied qui me suivaient par derrière.

Je traversai le camp désert, le Cabinet du Roi, occupé par quelques blessés, et je descendis, ou plutôt je tombai jusqu'au bas de l'escalier de ma chambre. Les eaux s'étaient retirées en laissant des taches de fange à tous les murs et à tous les arbres. Une dernière flaque restait encore à la place où j'avais enlevé le gazon. Les brigands, le Roi et le moine se tenaient debout, en cercle, autour d'un objet gris et limoneux, dont la vue fit dresser les cheveux sur ma tête : c'était Vasile. Le ciel vous préserve, monsieur, de voir jamais un cadavre de votre façon! L'eau et la boue, en s'écoulant, avaient déposé un enduit hideux autour de lui. Avez-vous jamais vu une grosse mouche prise depuis trois ou quatre jours dans une toile d'araignée? L'artisan des filets, ne pouvant se défaire d'un pareil hôte, l'enveloppe d'un peloton de fils grisâtres, et le change en une masse informe et méconnaissable; tel était Vasile quelques heures après avoir soupé avec moi. Je le retrouvai à dix pas de l'endroit où je lui avais dit adieu. Je ne sais si les brigands l'avaient changé de place, ou s'il s'était transporté là lui-même dans les convulsions de l'agonie; cependant j'incline à croire que la mort lui avait été douce. Plein de vin comme je l'ai laissé, il a dû succomber sans débat à quelque bonne congestion cérébrale.

Un grondement de mauvais augure salua mon arrivée. Hadgi-Stavros, pâle et le front crispé, marcha droit à moi, me saisit par le poignet gauche, et me tira si violemment, qu'il faillit me désarticuler le bras. Il me jeta au milieu du cercle avec une telle vivacité, que je pensai mettre le pied sur le corps de ma victime : je me rejetai vivement en arrière.

« Regardez ! me cria-t-il d'une voix tonnante ; regardez ce que vous avez fait ! jouissez de votre ouvrage ! rassasiez vos yeux de votre crime. Malheureux ! mais où donc vous arrêterez-vous ? Qui m'aurait dit, le jour où je vous ai reçu ici, que j'ouvrais ma porte à un assassin ? »

Je balbutiai quelques excuses ; j'essayai de démontrer au juge que je n'étais coupable que par imprudence. Je m'accusai sincèrement d'avoir enivré mon gardien pour échapper à sa surveillance, et fuir sans obstacle de ma prison ; mais je me défendis du crime d'assassinat. Etait-ce ma faute, à moi, si la crue des eaux l'avait noyé une heure après mon départ ? La preuve que je ne lui voulais aucun mal, c'est que je ne l'avais pas frappé d'un seul coup de poignard lorsqu'il était ivre mort, et que j'avais ses armes entre les mains. On pouvait laver son corps et s'assurer qu'il était sans blessure.

« Au moins, reprit le Roi, avouez que votre imprudence est bien égoïste et bien coupable ! Quand votre vie n'était pas menacée, quand on ne vous retenait ici que pour une somme d'argent, vous vous êtes enfui par avarice ; vous n'avez songé qu'à faire l'économie de quelque écus, et vous ne vous êtes pas occupé de ce pauvre misérable que vous laissiez mourir derrière vous ! Vous ne vous êtes pas soucié de moi, que vous alliez priver d'un auxiliaire indispensable ! Et quel moment avez-vous choisi pour nous trahir? le jour où tous les malheurs nous assaillent à la fois; où je viens d'essuyer une défaite; où j'ai perdu mes meilleurs soldats; où Sophoclis est blessé; où le Corfiote est mourant; où le jeune Spiro, sur qui je comptais, a perdu la vie; où tous mes hommes sont las et découragés! C'est alors que vous avez eu le cœur de m'enlever mon Vasile! Vous n'avez donc pas de sentiments humains? Ne valait-il pas cent fois mieux payer honnêtement votre rançon, comme il convient à un bon prisonnier, que de laisser dire que vous avez sacrifié la vie d'un homme pour quinze mille francs!

— Eh! morbleu! m'écriai-je à mon tour, vous en avez bien tué d'autres, et pour moins. »

Il répliqua avec dignité : « C'est mon état, monsieur : ce n'est pas le vôtre. Je suis brigand, et vous êtes docteur. Je suis Grec, et vous êtes Allemand. »

A cela je n'avais rien à répondre. Je sentais bien, au tremblement de toutes les fibres de mon cœur, que je n'étais ni né ni élevé pour la profession de tueur d'hommes. Le Roi, fort de mon silence, haussa la voix d'un ton, et poursuivit ainsi :

« Savez-vous, malheureux jeune homme, quel était l'être excellent dont vous avez causé la mort? Il descendait de ces héroïques brigands de Souli qui ont soutenu de si rudes guerres pour la religion et la patrie contre Ali de Tébélen, pacha de Janina. Depuis quatre générations, tous ses ancêtres ont été pendus ou décapités, pas un n'est mort dans son lit. Il n'y a pas encore six ans que son propre frère a péri en Epire des suites d'une condamnation à mort : il avait assassiné un musulman. La dévotion et le courage sont héréditaires dans sa famille. Jamais Vasile n'a manqué à ses devoirs religieux. Il donnait aux églises, il donnait aux pauvres. Le jour de Pâques, il allumait un cierge plus gros que tous les autres. Il se serait fait tuer plutôt que de violer la loi du jeûne, ou de manger gras un jour d'abstinence. Il économisait pour se retirer dans un couvent du mont Athos. Le saviez-vous? »

Je confessai humblement que je le savais.

« Savez-vous qu'il était le plus résolu de tous mes compagnons? Je ne veux rien ôter au mérite personnel de ceux qui m'écoutent, mais Vasile était d'un dévouement aveugle, d'une obéissance intrépide, d'un zèle à l'épreuve de toutes les circonstances. Aucune besogne n'était trop dure au gré de son courage; aucune exécution ne répugnait à sa fidélité. Il aurait égorgé tout le royaume si je lui avais commandé de le faire. Il aurait arraché un œil à son meilleur ami sur un signe de mon petit doigt. Et vous me l'avez tué! Pauvre Vasile! quand j'aurai un village à brûler, un avare à mettre sur le gril, une femme à couper en morceaux, un enfant à écorcher vif, qui est-ce qui te remplacera? »

Tous les brigands, électrisés par cette oraison funèbre, s'écrièrent unanimement : « Nous! nous! » Les uns tendaient les bras vers le Roi, les autres dégainaient leurs poignards; les plus zélés me couchèrent en joue avec leurs pistolets. Hadgi-Stavros mit un frein à leur enthousiasme : il me fit un rempart de son corps, et poursuivit son discours en ces termes :

« Console-toi, Vasile, tu ne resteras pas sans

vengeance. Si je n'écoutais que ma douleur, j'offrirais à tes mânes la tête du meurtrier; mais elle vaut quinze mille francs, et cette pensée me retient. Toi-même, si tu pouvais prendre la parole, comme autrefois dans nos conseils, tu me prierais d'épargner ses jours; tu refuserais une vengeance si coûteuse. Ce n'est pas dans les circonstances où ta mort nous a laissés qu'il convient de faire des folies et de jeter l'argent par les fenêtres. »

Il s'arrêta un moment; je respirai.

« Mais, reprit le Roi, je saurai concilier l'intérêt et la justice. Je châtierai le coupable sans risquer le capital. Sa punition sera le plus bel ornement de tes funérailles; et, du haut de la demeure des Pallicares, où ton âme s'est envolée, tu contempleras avec joie un supplice expiatoire qui ne nous coûtera pas un sou. »

Cette péroraison enleva l'auditoire. Tout le monde en fut charmé, excepté moi. Je me creusais la cervelle pour deviner ce que le Roi me réservait, et j'étais si peu rassuré, que mes dents claquaient à se rompre. Certes, il fallait m'estimer heureux d'avoir la vie sauve, et la conservation de ma tête ne me semblait pas un médiocre avantage; mais je connaissais l'imagination inventive des Hellènes de grand chemin. Hadgi-Stavros, sans me donner la mort, pouvait m'infliger tel châtiment qui me ferait détester la vie. Le vieux scélérat refusa de m'apprendre à quel supplice il me destinait. Il eut si peu de pitié de mes angoisses, qu'il me força d'assister aux funérailles de son lieutenant.

Le corps fut dépouillé de ses habits, transporté auprès de la source et lavé à grande eau. Les traits de Vasile étaient à peine altérés; sa bouche entr'ouverte avait encore le sourire pénible de l'ivrogne; ses yeux ouverts conservaient un regard stupide. Les membres n'avaient rien perdu de leur souplesse; la rigidité cadavérique se fait longtemps attendre chez les individus qui meurent par accident.

Le cafedgi du roi et son porte-chibouque procédèrent à la toilette du mort. Hadgi-Stavros en fit les frais, en sa qualité d'héritier. Vasile n'avait plus de famille, et tous ses biens revenaient au Roi. On revêtit le corps d'une chemise fine, d'une jupe en belle percale et d'une veste brodée d'argent. On enferma ses cheveux humides dans un bonnet presque neuf. On serra dans des guêtres de soie rouge ses jambes, qui ne devaient plus courir. On le chaussa de babouches en cuir de Russie. De sa vie, le pauvre Vasile n'avait été si propre et si beau. On passa du carmin sur ses lèvres : on lui mit du blanc et du rouge comme à un jeune premier qui va entrer en scène. Durant toute l'opération, l'orchestre des brigands exécutait un air lugubre que vous avez dû entendre plus d'une fois dans les rues d'Athènes. Je me félicite de n'être pas mort en Grèce, car c'est une musique abominable, et je ne me consolerais jamais d'avoir été enterré sur cet air-là.

Quatre brigands se mirent à creuser une fosse au milieu de la chambre, sur l'emplacement de la tente de Mme Simons, à l'endroit où Mary-Ann avait dormi. Deux autres coururent au magasin chercher des cierges, qu'ils distribuèrent à l'assistance. J'en reçus un comme tout le monde. Le moine entonna l'office des morts. Hadgi-Stavros psalmodiait les répons d'une voix ferme, qui me remuait jusqu'au fond de l'âme. Il faisait un peu de vent, et la cire de mon cierge tombait sur ma main en pluie brûlante; mais c'était, hélas! bien peu de chose au prix de ce qui m'attendait. Je me serais abonné volontiers à cette douleur-là, si la cérémonie avait pu ne jamais finir.

Elle finit cependant. Quand la dernière oraison fut dite, le Roi s'approcha solennellement de la civière où le corps était déposé, et il le baisa sur la bouche. Les brigands, un à un, suivirent son exemple. Je frémissais à l'idée que mon tour allait venir. Je me cachai derrière ceux qui avaient déjà joué leur rôle, mais le Roi m'aperçut et me dit : « C'est à vous. Marchez donc! Vous lui devez bien cela. »

Etait-ce enfin l'expiation dont il m'avait menacé? Un homme juste se serait contenté à moins. Je vous jure, monsieur, que ce n'est pas un jeu d'enfant de baiser les lèvres d'un cadavre, surtout lorsqu'on se reproche de l'avoir tué. Je m'avançai vers la civière, je contemplai face à face cette figure dont les yeux ouverts semblaient rire de mon embarras; je penchai la tête, j'effleurai les lèvres. Un brigand facétieux m'appuya la main sur la nuque. Ma bouche s'aplatit sur la bouche froide; je sentis le contact de ses dents de glace, et je me relevai saisi d'horreur, emportant je ne sais quelle saveur de mort qui me serre encore la gorge au moment où je vous parle. Les femmes sont bien heureuses : elles ont la ressource de s'évanouir.

Alors on descendit le cadavre dans la terre. On lui jeta une poignée de fleurs, un pain, une pomme et quelques gouttes de vin d'Egine. C'était la chose dont il avait le moins besoin. La fosse se ferma bien vite, plus vite que je n'aurais voulu. Un brigand fit observer qu'il faudrait deux bâtons pour faire une croix. Hadgi-Stavros lui répondit : « Sois tranquille; on mettra les bâtons du milord. » Je vous laisse à penser si mon cœur faisait un vacarme dans ma poitrine. Quels bâtons? Qu'y avait-il de commun entre les bâtons et moi?

Le Roi fit un signe à son chiboudgi, qui courut aux bureaux et revint avec deux longues gaules de laurier d'Apollon. Hadgi-Stavros prit la civière funèbre et la porta sur la tombe. Il l'appuya sur la terre fraîchement remuée, la fit relever par un bout, tandis que l'autre touchait au sol, et me dit en souriant : « C'est pour vous que je travaille. Déchaussez-vous, s'il vous plaît. »

Il dut lire dans mes yeux une interrogation pleine d'angoisse et d'épouvante, car il répondit à la demande que je n'osais lui adresser :

« Je ne suis pas méchant, et j'ai toujours détesté les rigueurs inutiles. C'est pourquoi je veux vous infliger un châtiment qui nous profite en nous dispensant de vous surveiller à l'avenir. Vous avez depuis quelques jours une rage de vous évader. J'espère que lorsque vous aurez reçu vingt coups de bâton sur la plante des pieds, vous n'aurez plus besoin de gardien, et votre amour des voyages se calmera pour quelque temps. C'est un supplice que je connais; les Turcs me l'ont fait subir dans ma jeunesse, et je sais par expérience qu'on n'en meurt pas. On en souffre beaucoup; vous crierez, je vous en avertis. Vasile vous entendra du fond de sa tombe, et il sera content de nous. »

A cette annonce, ma première idée fut d'user de mes jambes tandis que j'en avais encore la libre disposition. Mais il faut croire que ma volonté était bien malade, car il me fut impossible de mettre un pied devant l'autre. Hadgi-Stavros m'enleva de terre aussi légèrement que nous cueillons un insecte sur un chemin. Je me sentis lier et déchausser avant qu'une pensée sortie de mon cerveau eût le temps d'arriver au bout de mes membres. Je ne sais ni sur quoi on appuya mes pieds, ni comment on les empêcha de reculer jusqu'à ma tête au premier coup de bâton. Je vis les deux gaules tournoyer devant moi, l'une à droite, l'autre à gauche; je fermai les yeux, et j'attendis. Je n'attendis pas assurément la dixième partie d'une seconde, et pourtant, dans un si court espace, j'eus le temps d'envoyer une bénédiction à mon père, un baiser à Mary-Ann, et plus de cent mille imprécations à partager entre Mme Simons et John Harris.

Je ne m'évanouis pas un seul instant; c'est un sens qui me manque, je vous l'ai dit. Aussi n'y eut-il rien de perdu. Je sentis tous les coups de bâton, l'un après l'autre. Le premier fut si furieux, que je crus qu'il ne resterait rien à faire pour les suivants. Il me prit par le milieu de la plante des pieds, sous cette petite voûte élastique qui précède le talon et qui supporte le corps de l'homme.

Ce n'est pas le pied qui me fit mal à cette fois; mais je crus que les os de mes pauvres jambes allaient sauter en éclats. Le second m'atteignit plus bas, juste sous les talons; il me donna une secousse profonde, violente, qui ébranla toute la colonne vertébrale, et remplit d'un tumulte effroyable mon cerveau palpitant et mon crâne près d'éclater. Le troisième donna droit sur les orteils et produisit une sensation aiguë et lancinante, qui frisait toute la partie antérieure du corps et me fit croire un instant que l'extrémité du bâton était venue me retrousser le bout du nez. C'est à ce moment, je pense, que le sang jaillit pour la première fois. Les coups se succédèrent dans le même ordre et aux mêmes places, à des intervalles égaux. J'eus assez de courage pour me taire aux deux premiers; je criai au troisième, je hurlai au quatrième, je gémis au cinquième et aux suivants. Au dixième, la chair elle-même n'avait plus la force qu'il faut pour se plaindre : je me tus. Mais l'anéantissement de ma vigueur physique ne diminuait en rien la netteté de mes perceptions. J'aurais été incapable de soulever mes paupières, et cependant le plus léger bruit arrivait trop à mes oreilles. Je ne perdis pas un mot de ce qui se disait autour de moi. C'est une observation dont je me souviendrai plus tard si je pratique la médecine. Les docteurs ne se font pas faute de condamner un malade à quatre pas de son lit, sans songer que le pauvre diable a peut-être encore assez d'oreille pour les entendre. J'entendis un jeune brigand qui disait au Roi : « Il est mort. A quoi bon fatiguer deux hommes sans profit pour personne? » Hadgi-Stavros répondit : « Ne crains rien. J'en ai reçu soixante à la file, et deux jours après je dansais la Romaïque.

— Comment as-tu fait?

— J'ai employé la pommade d'un renégat italien appelé Luidgi-Bey... Où en sommes-nous? Combien de coups de bâton?

— Dix-sept.

— Encore trois, enfants; et soignez-moi les derniers. »

Le bâton eut beau faire, les derniers coups tombaient sur une matière saignante, mais insensible. La douleur m'avait presque paralysé.

On m'enleva du brancard, on délia les cordes; on emmaillota mes pieds dans des compresses d'eau fraîche, et, comme j'avais une soif de blessé, on me fit boire un grand verre de vin. La colère me revint avec la force. Je ne sais si vous êtes bâti comme moi, mais je ne connais rien d'humiliant comme un châtiment physique. Je ne supporte pas que le souverain du monde puisse devenir pour une minute l'esclave d'un vil bâton. Etre né au dix-neuvième siècle, manier la vapeur et l'électricité, posséder une bonne moitié des secrets de la nature, connaître à fond tout ce que la science a inventé pour le bien-être et la sécurité de l'homme, savoir comme on guérit la fièvre, comme on prévient la petite vérole, comme on brise la pierre dans la vessie, et ne pouvoir se défendre d'un coup de canne, c'est un peu trop fort, en vérité! Si j'avais été soldat et soumis aux peines corporelles, j'aurais tué mes chefs inévitablement.

Quand je me vis assis sur la terre gluante, les pieds enchaînés par la douleur, les mains mortes; quand j'aperçus autour de moi les hommes qui m'avaient battu, celui qui m'avait fait battre et ceux qui m'avaient regardé battre, la colère, la honte, le sentiment de la dignité outragée, de la justice violée, de l'intelligence brutalisée, soufflèrent dans mon corps débile un gonflement de haine, de révolte et de vengeance. J'oubliai tout calcul, intérêt, prudence, avenir; je lâchai la bonde à toutes les vérités qui m'étouffaient; un torrent d'injures bouillonnantes monta droit à mes lèvres, tandis que la bile extravasée débordait en écume jaune jusque dans le blanc de mes yeux. Certes, je ne suis pas orateur, et mes études solitaires ne m'ont pas exercé au maniement de la parole; mais l'indignation, qui a fait des poètes, me prêta pour un quart d'heure l'éloquence sauvage de ces prisonniers cantabres qui rendaient l'âme avec des injures et qui crachaient leur dernier soupir à la face des Romains vainqueurs. Tout ce qui peut outrager un homme dans son orgueil, dans sa tendresse et dans ses sentiments les plus chers, je le dis au Roi des montagnes. Je le mis au rang des animaux immondes, et je lui déniai jusqu'au nom d'homme. Je l'insultai dans sa mère, et dans sa femme, et dans sa fille, et dans toute sa postérité. Je voudrais vous répéter textuellement tout ce que je le contraignis d'entendre, mais les mots me manquent aujourd'hui que je suis de sang-froid. J'en forgeais alors de toute sorte, qui n'étaient pas dans le dictionnaire et que l'on comprenait pourtant, car l'auditoire de forçats hurlait sous mes paroles comme une meute de chiens sous le fouet des piqueurs. Mais j'avais beau surveiller le visage du vieux Pallicare, épier tous les muscles de sa face et fouiller avidement dans les moindres rides de son front, je n'y surpris pas la trace d'une émotion. Hadgi-Stavros ne sourcillait pas plus qu'un buste de marbre. Il répondait à tous mes outrages par l'insolence du mépris. Son attitude m'exaspéra jusqu'à la folie. J'eus un instant de délire. Un nuage rouge comme le sang passa devant mes yeux. Je me lève brusquement sur mes pieds meurtris, j'avise un pistolet à la ceinture d'un brigand, je l'arrache, je l'arme, je vise le Roi à bout portant, le coup part, et je tombe à la renverse en murmurant : « Je suis vengé ! »

C'est lui-même qui me releva. Je le contemplai avec une stupéfaction aussi profonde que si je l'avais vu sortir des enfers. Il ne semblait pas ému, et souriait tranquillement comme un immortel. Et pourtant, monsieur, je ne l'avais pas manqué. Ma balle l'avait touché au front, à un centimètre au-dessus du sourcil gauche : une trace sanglante en faisait foi. Mais, soit que l'arme fût mal chargée, soit que la poudre fût mauvaise, soit plutôt que le coup eût glissé sur l'os du crâne, mon coup de pistolet n'avait fait qu'une écorchure !

Le monstre invulnérable m'assit doucement sur la terre, se pencha vers moi, me tira l'oreille et me dit : « Pourquoi tentez-vous l'impossible, jeune homme ? Je vous ai prévenu que j'avais la tête à l'épreuve des balles, et vous savez que je ne mens jamais. Ne vous a-t-on pas conté aussi qu'Ibrahim m'avait fait fusiller par sept Egyptiens et qu'il n'avait pas eu ma peau ? J'espère que vous n'avez pas la prétention d'être plus fort que sept Egyptiens ! Mais savez-vous que vous avez la main légère pour un homme du Nord ? C'est affaire à vous ! Peste ! si ma mère, dont vous parliez tout à l'heure, ne m'avait pas construit avec solidité, j'étais un homme à mettre en terre. Tout autre à ma place serait mort sans dire merci. Quant à moi, ces choses-là me rajeunissent. Cela me rappelle mon bon temps. A votre âge, j'exposais ma vie quatre fois par jour, et je n'en digérais que mieux. Allons, je ne vous en veux pas, et je vous pardonne votre mouvement de vivacité. Mais comme tous mes sujets ne sont pas à l'épreuve de la balle et que vous pourriez vous laisser aller à quelque nouvelle imprudence, nous appliquerons à vos mains le même traitement qu'à vos pieds. Rien ne nous empêcherait de commencer sur l'heure : cependant j'attendrai jusqu'à demain, dans l'intérêt de votre santé. Vous voyez que le bâton est une arme courtoise qui ne tue pas les gens; vous venez de prouver vous-même qu'un homme bâtonné en vaut deux. La cérémonie de demain vous occupera. Les prisonniers ne savent à quoi passer leur temps. C'est l'oisiveté qui vous a donné de mauvais conseils. D'ailleurs, soyez tranquille : dès que votre rançon sera arrivée, je guérirai vos écorchures. Il me reste encore du baume de Luidgi-Bey. Il n'y paraîtra plus au bout de deux jours, et vous pourrez valser au bal du palais sans apprendre à vos danseuses qu'elles sont au bras d'un cavalier rossé. »

Je ne suis pas un Grec, moi, et les injures me blessent aussi grièvement que les coups. Je montrai le poing au vieux scélérat et je criai de toutes mes forces :

« Non, misérable, ma rançon ne sera jamais payée! non! je n'ai demandé d'argent à personne! Tu n'auras de moi que ma tête, qui ne te servira de rien. Prends-la tout de suite, si bon te semble. C'est me rendre service, et à toi aussi. Tu m'épargneras deux semaines de tortures et le dégoût de te voir, qui est la pire de toutes. Tu économiseras ma nourriture de quinze jours. N'y manque pas, c'est le seul bénéfice que tu puisses faire sur moi! »

Il sourit, haussa les épaules et répondit : « Ta! ta! ta! ta! Voilà bien mes jeunes gens! extrêmes en tout! Ils jettent le manche après la cognée. Si je vous écoutais, j'en serais aux regrets avant huit jours, et vous aussi. Les Anglaises payeront, j'en suis sûr. Je connais encore les femmes, quoiqu'il y ait longtemps que je vive dans la retraite. Qu'est-ce qu'on dirait si je vous tuais aujourd'hui et si la rançon arrivait demain? On répandrait le bruit que j'ai manqué à ma parole, et mes prisonniers à venir se laisseraient égorger comme des agneaux sans demander un centime à leurs parents. Ne gâtons pas le métier!

— Ah! tu crois que les Anglaises t'ont payé, habile homme! Oui, elles t'ont payé comme tu le méritais!

— Vous êtes bien bon.

— Leur rançon te coûtera quatre-vingt mille francs, entends-tu? Quatre-vingt mille francs hors de ta poche!

— Ne dites donc pas ces choses-là! On croirait que les coups de bâton vous ont frappé sur la tête.

— Je dis ce qui est. Te rappelles-tu le nom de tes prisonnières?

— Non, mais je l'ai par écrit.

— Je veux aider ta mémoire. La dame s'appelait Mme Simons.

— Eh bien?

— Associée de la maison Barley de Londres.

— Mon banquier?

— Précisément.

— Comment sais-tu le nom de mon banquier?

— Pourquoi as-tu dicté ta correspondance devant moi?

— Qu'importe après tout? Ils ne peuvent pas me voler; ils ne sont pas Grecs, ils sont Anglais; les tribunaux... Je plaiderai!

— Et tu perdras. Ils ont un reçu.

— C'est juste. Mais par quelle fatalité leur ai-je donné un reçu?

— Parce que je te l'ai conseillé, pauvre homme!

— Misérable! chien mal baptisé! schismatique d'enfer! tu m'as ruiné! tu m'as trahi! tu m'as volé! Quatre-vingt mille francs! Je suis responsable! Si du moins les Barley étaient banquiers de la Compagnie! je ne perdrais que ma part. Mais ils n'ont que mes capitaux, je perdrai tout. Es-tu bien sûr au moins qu'elle soit associée de la maison Barley?

— Comme je suis sûr de mourir aujourd'hui.

— Non; tu ne mourras que demain. Tu n'as pas assez souffert. On te fera du mal pour quatre-vingt mille francs. Quel supplice inventer? Quatre-vingt mille francs! Quatre-vingt mille morts seraient peu. Qu'est-ce que j'ai donc fait à ce traître qui m'en a volé quarante mille? Peuh! Un jeu d'enfant, une plaisanterie! Il n'a pas hurlé deux heures! Je trouverai mieux. Mais s'il y avait deux maisons du même nom?

— Cavendish-square, 31!

— Oui, c'est bien là. Imbécile! que ne m'avertissais-tu au lieu de me trahir? Je leur aurais demandé le double. Elles auraient payé; elles en ont le moyen. Je n'aurais pas donné de reçu : je n'en donnerai plus... Non, non! c'est la dernière fois!... Reçu cent mille francs de Mme Simons! quelle sotte phrase! Est-ce bien moi qui ait dicté cela?... Mais j'y songe! je n'ai pas signé!... Oui, mais mon cachet vaut une signature : ils ont vingt lettres de moi. Pourquoi m'as-tu demandé ce reçu! Qu'attendais-tu de ces deux femmes? Quinze mille francs pour ta rançon... L'égoïsme partout! Il fallait t'ouvrir à moi : je t'aurais renvoyé pour rien ; je t'aurais même payé. Si tu es pauvre, comme tu le dis, tu dois savoir comme l'argent est bon. Te représentes-tu seulement une somme de quatre-vingt mille francs? Sais-tu quel volume cela fait dans une chambre? combien il y entre de pièces d'or? et combien d'argent on peut gagner dans les affaires avec quatre-vingt mille francs? C'est une fortune, malheureux! Tu m'as volé une fortune! Tu as dévalisé ma fille, le seul être que j'aime au monde. C'est pour elle que je travaille. Mais, si tu connais mes affaires, tu dois savoir que je cours la montagne pendant toute une année pour gagner quarante mille francs. Tu m'as extorqué deux années de ma vie : c'est comme si j'avais dormi pendant deux ans!

J'avais donc enfin trouvé la corde sensible! Le vieux Pallicare était touché au cœur. Je savais que mon compte était bon, je n'espérais point de grâce, et pourtant j'éprouvais une amère joie à bouleverser ce masque impassible et cette figure de pierre. J'aimais à suivre dans les sillons de son visage le mouvement convulsif de la passion, comme le naufragé perdu sur une mer furieuse admire au loin la vague qui doit l'engloutir. J'étais comme le roseau pensant, que l'univers brutal écrase de sa masse, et qui se console en mourant par la conscience hautaine de sa supériorité. Je me disais avec orgueil : « Je périrai dans les tortures, mais je suis le maître de mon maître et le bourreau de mon bourreau. »

CHAPITRE VII
JOHN HARRIS

Le Roi contemplait sa vengeance, comme un homme à jeun depuis trois jours contemple un bon repas. Il en examinait un à un tous les plats, je veux dire tous les supplices; il passait sa langue sur ses lèvres desséchées, mais il ne savait par où commencer ni que choisir. On aurait dit que l'excès de la faim lui coupait l'appétit. Il donnait du poing contre sa tête, comme pour en faire jaillir quelque chose; mais les idées sortaient si rapides et si pressées, qu'il était mal aisé d'en saisir une au passage. « Parlez donc! s'écria-t-il à ses sujets. Conseillez-moi. A quoi serez-vous bons, si vous n'êtes pas en état de me donner un avis? Attendrai-je que le Corfiote soit revenu ou que Vasile élève la voix, du fond de sa tombe? Trouvez-moi, brutes que vous êtes, un supplice de quatre-vingt mille francs! »

Le jeune chiboudgi dit à son maître : « Il me vient une idée. Tu as un officier mort, un autre absent, et un troisième blessé. Mets leurs places au concours. Promets-nous que ceux qui sauront le mieux te venger succèderont à Sophoclis, au Corfiote et à Vasile. »

Hadgi-Stavros sourit complaisamment à cette invention. Il caressa le menton de l'enfant et lui dit :

« Tu es ambitieux, petit homme! A la bonne heure! L'ambition est le ressort du courage Va pour un concours! C'est une idée moderne, c'est une idée d'Europe; cela me plaît. Pour te récompenser, tu donneras ton avis le premier, et si tu trouves quelque chose de beau, Vasile n'aura pas d'autre héritier que toi.

— Je voudrais, dit l'enfant, arracher quelques dents au milord, lui mettre un mors dans la bouche et le faire courir tout bridé jusqu'à ce qu'il tombât de fatigue.

— Il a les pieds trop malades : il tomberait au deuxième pas. A vous autres ! Tambouris, Moustakas, Colzida, Milotis, parlez, je vous écoute.

— Moi, dit Colzida, je lui casserais des œufs bouillants sous les aisselles. J'ai déjà essayé cela sur une femme de Mégare et j'ai eu bien du plaisir.

— Moi, dit Tambouris, je le coucherais par terre avec un rocher de cinq cents livres sur la poitrine. On tire la langue et on crache le sang; c'est assez joli.

— Moi, dit Milotis, je lui mettrais du vinaigre dans les narines et je lui enfoncerais des épines sous tous les ongles. On éternue à ravir et l'on ne sait où fourrer ses mains. »

Moustakas était un des cuisiniers de la bande. Il proposa de me faire cuire à petit feu. La figure du Roi s'épanouit.

Le moine assistait à la Conférence et laissait dire sans donner son avis. Cependant il prit pitié de moi dans la mesure de sa sensibilité, et il me secourut dans la mesure de son intelligence. « Moustakas, dit-il, est trop méchant. On peut bien torturer le milord sans le brûler tout vif. Si vous le nourrissiez de viande salée sans lui permettre de boire, il durerait longtemps, il souffrirait beaucoup, et le Roi satisferait sa vengeance sans encourir celle de Dieu. C'est un conseil bien désintéressé que je vous donne; il ne m'en reviendra rien; mais je voudrais que tout le monde fût content, puisque le monastère a touché la dîme.

— Halte-là! interrompit le cafedgi. Bon vieillard, j'ai une idée qui vaut mieux que la tienne. Je condamne le milord à mourir de faim. Les autres lui feront tout le mal qu'il leur plaira; je ne prétends rien empêcher. Mais je serai en sentinelle devant sa bouche, et j'aurai soin qu'il n'y entre ni une goutte d'eau ni une miette de pain. Les fatigues redoubleront sa faim, les blessures allumeront sa soif, et tout le travail des autres tournera finalement à mon profit. Qu'en dis-tu, sire? Est-ce bien raisonné, et me donneras-tu la succession de Vasile?

— Allez tous au diable! dit le Roi. Vous raisonneriez moins à votre aise si l'infâme vous avait volé quatre-vingt mille francs! Emportez-le dans le camp et prenez sur lui votre récréation. Mais malheur au maladroit qui le tuerait par imprudence! Cet homme ne doit mourir que de ma main. Je prétends qu'il me rembourse en plaisir tout ce qu'il m'a pris en argent. Il versera le sang de ses veines goutte à goutte, comme un mauvais débiteur qui s'acquitte sou par sou. »

Vous ne sauriez croire, monsieur, par quels crampons l'homme le plus malheureux tient encore à la vie. Certes, j'étais bien affamé de mourir; et ce qui pouvait m'arriver de plus heureux était d'en finir d'un seul coup. Cependant quelque chose se réjouit en moi à cette menace d'Hadgi-Stavros. Je bénis la longueur de mon supplice. Un instinct d'espérance me chatouilla le fond du cœur. Si une âme charitable m'avait offert de me brûler la cervelle, j'y aurais regardé à deux fois.

Quatre brigands me prirent par la tête et par les jambes, et me portèrent, comme un paquet hurlant, à travers le Cabinet du Roi. Ma voix réveilla Sophoclis sur son grabat. Il appela ses compagnons, se fit conter les nouvelles, et demanda à me voir de près. C'était un caprice de malade. On me jeta par terre à ses côtés.

« Milord, me dit-il, nous sommes bien bas l'un et l'autre; mais il y a gros à parier que je me relèverai plus tôt que vous. Il paraît qu'on songe déjà à me donner un successeur. Que les hommes sont injustes! Ma place est au concours! Eh bien, je veux concourir aussi et me mettre sur les rangs. Vous déposerez en ma faveur, et vous attesterez par vos gémissements que Sophoclis n'est pas mort. On va vous attacher les quatre membres, et je me charge de vous tourmenter d'une seule main aussi gaillardement que le plus valide de ces messieurs. »

Pour complaire au misérable, on me lia les bras. Il se fit tourner vers moi et commença à m'arracher les cheveux, un à un, avec la patience et la régularité d'une épileuse de profession. Quand je vis à quoi se réduisait ce nouveau supplice, je crus que le blessé, touché de ma misère et attendri par ses propres souffrances, avait voulu me dérober à ses camarades et m'accorder une heure de répit. L'extraction d'un cheveu n'est pas aussi douloureuse, à beaucoup près, qu'une piqûre d'épingle. Les vingt premiers partirent l'un après l'autre sans me laisser de regret, et je leur souhaitai cordialement un bon voyage. Mais bientôt il fallut changer de note. Le cuir chevelu, irrité par une multitude de lésions imperceptibles, s'enflamma. Une démangeaison sourde, puis un peu plus vive, puis intolérable, courut autour de ma tête. Je voulus y porter les mains; je compris dans quelle intention l'infâme m'avait fait garrotter. L'impatience accrut le mal; tout mon sang se porta vers la tête. Chaque fois que la main de Sophoclis s'approchait de ma chevelure, un frémissement douloureux se répandait dans tout le corps. Mille démangeaisons inexplicables tourmentaient mes bras et mes jambes. Le système nerveux, exaspéré sur tous les points, m'enveloppait d'un réseau plus douloureux que la tunique de Déjanire. Je me roulais par terre, je criais, je demandais grâce, je regrettais les coups de bâton sur la plante des pieds. Le bourreau n'eut pitié de moi que lorsqu'il fut au bout de ses forces. Lorsqu'il sentit ses yeux troubles, sa tête pesante et son bras fatigué, il fit un dernier effort, plongea la main dans mes cheveux, les saisit à poignée, et se laissa retomber sur son chevet en m'arrachant un cri de désespoir.

« Viens avec moi, dit Moustakas. Tu décideras, au coin du feu, si je vaux Sophoclis, et si je mérite une lieutenance. »

Il m'enleva comme une plume et me porta dans le camp, devant un monceau de bois résineux et de broussailles entassées. Il détacha les cordes, me dépouilla de mes habits et de ma chemise, et me laissa sans autre vêtement qu'un pantalon. « Tu seras, dit-il, mon aide de cuisine. Nous allons faire du feu et préparer ensemble le dîner du Roi. »

Il alluma le bûcher et m'étendit sur le dos, à

deux pieds d'une montagne de flammes. Le bois pétillait; les charbons rouges tombaient en grêle autour de moi. La chaleur était insupportable. Je me traînai sur les mains à quelque distance, mais il revint avec une poêle à frire, et il me repoussa du pied jusqu'à l'endroit où il m'avait placé.

« Regarde bien, dit-il, et profite de mes leçons. Voici la fressure de trois agneaux : c'est de quoi nourrir vingt hommes. Le Roi choisira les morceaux les plus délicats; il distribuera le reste à ses amis. Tu n'en es pas pour l'heure, et si tu goûtes de ma cuisine, ce sera des yeux seulement. »

J'entendis bientôt bouillir la friture, et ce bruit me rappela que j'étais à jeun depuis la veille. Mon estomac se rangea parmi mes bourreaux, et je comptai un ennemi de plus. Moustakas me mettait la poêle sous les yeux, et faisait luire à mes regards la couleur appétissante de la viande. Il secouait sous mes narines les parfums engageants de l'agneau grillé. Tout à coup il s'aperçut qu'il avait oublié quelque assaisonnement, et il courut chercher du sel et du poivre en confiant la poêle à mes bons soins. La première idée qui me vint fut de dérober quelque morceau de viande; mais les brigands n'étaient qu'à dix pas; ils m'auraient arrêté à temps. « Si, du moins, pensai-je en moi-même, j'avais encore mon paquet d'asenic! » Que pouvais-je en avoir fait? Je ne l'avais pas remis dans la boîte. Je plongeai les mains dans mes deux poches. J'en tirai un papier malpropre et une poignée de cette poudre bienfaitrice qui devait me sauver peut-être et tout au moins me venger.

Moustakas revint au moment où j'avais la main droite ouverte au-dessus de la poêle. Il me saisit le bras, plongea son regard jusqu'au fond de mes yeux, et dit d'une voix menaçante : « Je sais ce que tu as fait. »

Mon bras tomba découragé. Le cuisinier poursuivit :

« Oui, tu as jeté quelque chose sur le dîner du Roi.

— Quoi donc?

— Un sort. Mais peu importe. Va, mon pauvre milord, Hadgi-Stavros est plus grand sorcier que toi. Je vais lui servir son repas. J'en aurai ma part, et tu n'en goûteras point.

— Grand bien te fasse! »

Il me laissa devant le feu, en me recommandant à une douzaine de brigands qui croquaient du pain bis et des olives amères. Ces Spartiates me firent compagnie pendant une heure ou deux. Ils attisaient mon feu avec une attention de garde-malade. Si parfois j'essayais de me traîner un peu plus loin de mon supplice, ils s'écriaient : « Prends garde, tu vas te refroidir ! » Et ils me poussaient jusque dans la flamme à grands coups de bâtons allumés. Mon dos était marbré de taches rouges, ma peau se soulevait en ampoules cuisantes, mes cils frisaient à la chaleur du feu, mes cheveux exhalaient une odeur de corne brûlée, dont j'étais tout empuanti; et cependant je me frottais les mains à l'idée que le Roi mangerait de ma cuisine, et qu'il y aurait du nouveau sur le Parnès avant la fin du jour.

Bientôt les convives d'Hadgi-Stavros reparurent dans le camp, l'estomac garni, l'œil allumé, la face épanouie. « Allez, pensai-je en moi-même, votre joie et votre santé tomberont comme un masque, et vous maudirez sincèrement chaque

bouchée du festin que je vous ai assaisonné ! »
La célèbre Locuste a dû passer de bons quarts
d'heure en sa vie. Lorsqu'on a quelque raison
de haïr les hommes, il est assez doux de voir un
être vigoureux qui va, qui vient, qui rit, qui
chante, en portant dans le tube intestinal une
semence de mort qui doit croître et le dévorer.
C'est à peu près la même joie qu'éprouve un bon
docteur à la vue d'un mourant qu'il sait comment
rappeler à la vie. Locuste faisait de la médecine
en sens inverse, et moi aussi.

Mes réflexions haineuses furent interrompues
par un tumulte singulier. Les chiens aboyèrent en
chœur, et un messager hors d'haleine parut sur
le plateau avec toute la meute à ses trousses.
C'était Dimitri, le fils de Christodule. Quelques
pierres lancées par les brigands le délivrèrent de
son escorte. Il cria du plus loin qu'il put : « Le
Roi ! il faut que je parle au Roi ! » Lorsqu'il fut
à vingt pas de nous, je l'appelai d'une voix
dolente. Il fut épouvanté de l'état où il me
trouvait, et il s'écria : « Les imprudents ! Pauvre
fille !

— Mon bon Dimitri ! lui dis-je, d'où viens-tu ?
Ma rançon serait-elle payée ?

— Il s'agit bien de rançon ! mais ne craignez
rien, j'apporte de bonnes nouvelles. Bonnes pour
vous, malheureuses pour moi, pour lui, pour elle,
pour tout le monde ! Il faut que je voie Hadgi-
Stavros. Pas une minute à perdre. Jusqu'à mon
retour, ne souffrez pas qu'on vous fasse aucun
mal : elle en mourrait ! Vous entendez, vous
autres ! ne touchez pas au milord. Il y va de votre
vie. Le Roi vous ferait couper en morceaux.
Conduisez-moi jusqu'au Roi ! »

Le monde est ainsi fait, que tout homme qui parle en maître est presque sûr d'être obéi. Il y avait tant d'autorité dans la voix de ce domestique, et sa passion s'exprimait sur un ton si impérieux, que mes gardiens, étonnés et stupides, oublièrent de me retenir auprès du feu. Je rampai à quelque distance, et je reposai délicieusement mon corps sur la roche froide jusqu'à l'arrivée d'Hadgi-Stavros.

Il ne paraissait ni moins ému ni moins agité que Dimitri. Il me prit dans ses bras comme un enfant malade, et m'emporta tout d'une traite jusqu'au fond de cette chambre fatale où Vasile était enseveli. Il me déposa sur son propre tapis avec des précautions maternelles; il fit deux pas en arrière, et me regarda avec un curieux mélange de haine et de pitié. Il dit à Dimitri : « Mon enfant, c'est la première fois que j'aurai laissé un pareil crime impuni. Il a tué Vasile, cela n'est rien. Il m'a voulu m'assassiner moi-même, je lui pardonne. Mais il m'a volé, le scélérat ! Quatre-vingt mille francs de moins dans la dot de Photini ? Je cherchais un supplice égal à son crime. Oh ! sois tranquille ! J'aurais trouvé !... Malheureux que je suis ! Pourquoi n'ai-je pas dompté ma colère ? Je l'ai traité bien durement. C'est elle qui en portera la peine. Si elle recevait vingt coups de bâton sur ses petits pieds, je ne la reverrais plus. Les hommes n'en meurent pas, mais une femme ! une enfant de quinze ans ! »

Il fit évacuer la salle par tous les brigands qui se pressaient autour de nous. Il délia doucement les linges ensanglantés qui enveloppaient mes blessures. Il envoya son chiboudgi chercher le baume de Luidgi-Bey. Il s'assit devant moi sur l'herbe humide, prit mes pieds dans ses mains et contempla mes blessures. Chose incroyable à dire, il avait des larmes dans les yeux !

« Pauvre enfant ! dit-il, vous devez souffrir cruellement. Pardonnez-moi. Je suis un vieux brutal. Un loup de montagne, un Pallicare ! J'ai été instruit à la férocité depuis l'âge de vingt ans. Mais vous voyez que mon cœur est bon, puisque je regrette ce que j'ai fait. Je suis plus malheureux que vous, car vous avez les yeux secs, et moi je pleure. Je vais vous mettre en liberté sans perdre une minute; ou plutôt, non : vous ne pouvez pas vous en aller ainsi. Je veux d'abord vous guérir. Le baume est souverain, je vous soignerai comme un fils, la santé reviendra vite. Il faut que vous marchiez demain. *Elle* ne peut pas rester un jour de plus entre les mains de votre ami.

« Au nom du ciel, ne comptez à personne notre querelle d'aujourd'hui ! Vous savez que je ne vous haïssais pas; je vous l'ai dit souvent; j'avais de la sympathie pour vous, je vous donnais ma confiance. Je vous disais mes secrets les plus intimes. Souvenez-vous que nous avons été deux amis jusqu'à la mort de Vasile. Il ne faut pas qu'un instant de colère vous fasse oublier douze jours de bons traitements. Vous ne voulez pas que mon cœur de père soit déchiré. Vous êtes un brave jeune homme; votre ami doit être bon comme vous.

— Mais qui donc ? m'écriais-je.
— Qui ? Ce maudit Harris ! cet Américain d'enfer ! ce pirate exécrable ! ce voleur d'enfants ! cet assassin de jeunes filles ! cet infâme que je voudrais tenir avec toi pour vous broyer dans mes

mains, vous choquer l'un contre l'autre et vous jeter en poussière au vent de mes montagnes ! Vous êtes tous les mêmes, Européens, race de traîtres qui n'osez vous attaquer aux hommes, et qui n'avez de courage que contre les enfants. Lis ce qu'il vient de m'écrire, et réponds-moi s'il est des tortures assez cruelles pour châtier un crime comme le sien ! »

Il me jeta brutalement une lettre froissée. J'en reconnus l'écriture au premier coup d'œil, et lus :

« Dimanche, 11 mai,
à bord de *la Fancy*, rade de Salamine.

« Hadgi-Stavros, Photini est à mon bord, sous la garde de quatre canons américains. Je la retiendrai en otage aussi longtemps qu'Hermann Schultz sera prisonnier. Comme tu traiteras mon ami, je traiterai ta fille. Elle payera cheveu pour cheveu, dent pour dent, tête pour tête. Réponds-moi sans délai, sinon j'irai te voir.

« JOHN HARRIS. »

A cette lecture, il me fut impossible de renfermer ma joie. « Ce bon Harris ! m'écriai-je tout haut. Moi qui l'accusais ! Mais explique-moi, Dimitri, pourquoi il ne m'a pas secouru plus tôt.

— Il était absent, monsieur Hermann ; il donnait la chasse aux pirates. Il est revenu hier matin, bien malheureusement pour nous. Pourquoi n'est-il pas resté en route !

— Excellent Harris ! il n'a pas perdu un seul jour ! Mais où a-t-il déniché la fille de ce vieux scélérat ?

— Chez nous, monsieur Hermann. Vous la connaissez bien, Photini. Vous avez dîné plus d'une fois avec elle.

— La fille du Roi des montagnes était donc cette pensionnaire au nez aplati qui soupirait pour John Harris ! »

J'en conclus tout bas que l'enlèvement s'était opéré sans violence.

Le chiboudgi revint avec un paquet de toile et un flacon rempli d'une pommade jaunâtre. Le Roi pansa mes deux pieds en praticien expérimenté, et j'éprouvai sur l'heure un certain soulagement. Hadgi-Stavros était en ce moment un beau sujet d'étude psychologique. Il y avait autant de brutalité dans ses yeux que de délicatesse dans ses mains. Il enroulait si doucement les bandes autour de mon cou-de-pied, que je le sentais à peine ; mais son regard disait tout haut : « Que je te serrerais bien une corde autour du cou ! » Il piquait les épingles aussi adroitement qu'une femme ; mais de quel appétit il m'aurait planté son cangiar au milieu du corps !

Lorsque l'appareil fut posé, il tendit le poing du côté de la mer, et dit avec un rugissement sauvage :

« Je ne suis donc plus Roi, puisqu'il m'est défendu d'assouvir ma colère ! Moi qui ai toujours commandé, j'obéis à une menace ! Celui qui fait trembler un million d'hommes a peur ! Ils se vanteront sans doute ; il le diront à tout le monde. Le moyen d'imposer silence à ces Européens bavards ! On mettra cela dans les journaux, peut-être même dans les livres. C'est bien fait ! Pourquoi me suis-je marié ? Est-ce qu'un homme comme moi devrait avoir des enfants ? Je suis né pour hacher des soldats, et non pour bercer des petites filles. Le tonnerre n'a pas d'enfants ; le canon n'a pas d'enfants. S'ils en avaient, on ne craindrait plus la foudre, et les boulets resteraient en chemin. Ce John Harris doit bien rire de moi ! Si je lui déclarais la guerre ! Si je prenais son navire à l'abordage ! J'en ai attaqué bien d'autres, du temps que j'étais pirate, et je me souciais de vingt canons comme de cela ! Mais ma fille n'était pas à bord. Chère petite ! Vous la connaissiez donc, monsieur Hermann ? Pourquoi ne m'avez-vous pas dit que vous logiez chez Christodule ? Je ne vous aurais rien demandé ; je vous aurais relâché sur-le-champ, pour l'amour de Photini. Justement, je veux qu'elle apprenne votre langue. Elle sera princesse en Allemagne un jour ou l'autre. N'est-il pas vrai qu'elle fera une jolie princesse ? Mais j'y songe ! puisque vous la connaissez, vous défendrez à votre ami de lui faire du mal. Auriez-vous le cœur de voir tomber une larme de ses chers yeux ? Elle ne vous a rien fait, la pauvre innocente. Si quelqu'un doit expier vos souffrances, c'est moi. Dites à M. John Harris que vous vous êtes écorché les pieds dans les chemins ; vous me ferez ensuite tout le mal qu'il vous plaira ! »

Dimitri arrêta ce flot de paroles. « Il est bien fâcheux, dit-il, que M. Hermann soit blessé. Photini n'est pas en sûreté au milieu de ces hérétiques, et je connais M. Harris : il est capable de tout ! »

Le Roi fronça le sourcil. Les soupçons de l'amoureux entrèrent de plain-pied dans le cœur du père. « Allez-vous-en, me dit-il ; je vous porterai, s'il le faut, jusqu'au bas de la montagne ; vous attendrez dans quelque village un cheval, une voiture, une litière ; je fournirai ce qu'il faudra. Mais faites-lui savoir dès aujourd'hui que vous êtes libre, et jurez-moi sur la tête de votre mère que vous ne parlerez à personne du mal qu'on vous a fait ! »

Je ne savais pas trop comment je supporterais les fatigues du transport; mais tout me semblait préférable à la compagnie de mes bourreaux. Je craignais qu'un nouvel obstacle ne s'élevât entre moi et la liberté. Je dis au Roi : « Partons. Je jure sur tout ce qu'il y a de plus sacré qu'on ne touchera pas un cheveu de ta fille. »

Il m'enleva dans ses bras, me jeta sur son épaule et monta l'escalier de son cabinet. La troupe entière accourut au-devant de lui et nous barra le chemin. Moustakas, livide comme un cholérique, lui dit : « Où vas-tu ? L'Allemand a jeté un sort sur la friture. Nous souffrons tous comme des damnés d'enfer. Nous allons crever par sa faute, et nous voulons qu'il meure avant nous. »

Je retombai tout à plat du haut de mes espérances. L'arrivée de Dimitri, l'intervention providentielle de John Harris, le revirement d'Hadgi-Stavros, l'humiliation de cette tête superbe aux pieds de son prisonnier, tant d'événements entassés dans un quart d'heure m'avaient troublé la cervelle : j'oubliais déjà le passé et je me lançais à corps perdu dans l'avenir.

A la vue de Moustakas, le poison me revint en mémoire. Je sentis que chaque minute allait précipiter un événement terrible. Je m'attachai au Roi des montagnes, je nouai mes bras autour de son cou, je l'adjurai de m'emporter sans retard : « Il y va de ta gloire, lui dis-je. Prouve à ces enragés que tu es le Roi ! Ne réponds pas : les paroles sont inutiles. Passons-leur sur le corps. Tu ne sais pas toi-même quel intérêt tu as à me sauver. Ta fille aime John Harris; j'en suis sûr, elle me l'a avoué !

— Attends ! répondit-il. Nous passerons d'abord; nous causerons ensuite. »

Il me déposa doucement sur la terre et courut, les poings serrés, au milieu des bandits. « Vous êtes fous ! cria-t-il. Le premier qui touchera le milord aura affaire à moi. Quel sort voulez-vous qu'il ait jeté ? j'ai mangé avec vous; est-ce que je suis malade ? Laissez-le sortir d'ici : c'est un honnête homme; c'est mon ami ! »

Tout à coup il changea de visage; ses jambes fléchirent sous le poids de son corps. Il s'assit auprès de moi, se pencha vers mon oreille et me dit avec plus de douleur que de colère :

« Imprudent ! Pourquoi ne m'avertissiez-vous pas que vous nous avez empoisonnés ? »

Je saisi la main du Roi : elle était froide. Ses traits étaient décomposés; sa figure de marbre avait revêtu une couleur terreuse. A cette vue, la force m'abandonna tout à fait et je me sentis mourir. Je n'avais plus rien à espérer au monde : ne m'étais-je pas condamné moi-même en tuant le seul homme qui eût intérêt à me sauver ? Je laissai tomber la tête sur ma poitrine, et je demeurai inerte auprès du vieillard livide et glacé.

Déjà Moustakas et quelques autres étendaient les mains pour me prendre et me faire partager les douleurs de leur agonie. Hadgi-Stavros n'avait plus la force de me défendre. De temps en temps, un hoquet formidable secouait ce grand corps comme la hache du bûcheron ébranle un chêne de cent ans. Les bandits étaient persuadés qu'il rendait l'âme, et que le vieil invincible allait enfin tomber vaincu par la mort. Tous les liens qui les attachaient à leur chef, liens d'intérêt, de crainte, d'espérance et de reconnaissance, se rompirent comme des fils d'araignée. Les Grecs sont la nation la plus rétive de la terre. Leur vanité mobile et intempérante se plie quelquefois, mais comme un ressort prêt à rebondir. Ils savent, au besoin, s'appuyer contre un plus fort, ou se glisser modestement à la suite d'un plus habile, mais jamais ils ne pardonnent au maître qui les protège ou qui les enrichit. Depuis trente siècles et plus, ce peuple est composé d'unités égoïstes et jalouses que la nécessité rassemble, que le penchant divise, et qu'aucune force humaine ne saurait fondre en un tout.

Hadgi-Stavros apprit à ses dépens qu'on ne commande pas impunément à soixante Grecs. Son autorité ne survécut pas une minute à sa vigueur morale et à sa force physique. Sans parler des malades qui nous montraient le poing en nous reprochant leurs souffrances, les hommes valides se groupaient en face de leur Roi légitime, autour d'un gros paysan brutal, appelé Coltzida. C'était le plus bavard et le plus effronté de la bande, un impudent lourdaud sans talent et sans courage, de ceux qui se cachent pendant l'action et qui portent le drapeau après la victoire; mais, en pareils accidents, la fortune est pour les effrontés et les bavards. Coltzida, fier de ses poumons, lançait les injures à pelletées sur le corps d'Hadgi-Stavros, comme un fossoyeur jette la terre sur le cercueil d'un mort. « Te voilà donc, disait-il, habile homme, général invincible, roi tout-puissant, mortel invulnérable! Tu n'avais pas volé ta gloire, et nous avons eu bon nez de nous fier à toi? Qu'avons-nous gagné dans ta compagnie? A quoi nous as-tu servi? Tu nous a donné cinquante-quatre misérables francs tous les mois, une paye de mercenaire! Tu nous as nourris de pain noir et de fromage moisi dont les chiens n'auraient pas voulu, tandis que tu faisais fortune et que tu envoyais des navires chargés d'or à tous les banquiers étrangers. Qu'est-ce qui nous est revenu de nos victoires et de tout ce brave sang que nous avons versé dans la montagne? Rien. Tu gardais tout pour toi, butin, dépouilles, et rançon des prisonniers! Il est vrai que tu nous laissais les coups de baïonnette : c'est le seul profit dont tu n'aies jamais pris ta part. Depuis deux ans que je suis avec toi, j'ai reçu dans le dos quatorze blessures, et tu n'as pas seulement une cicatrice à nous montrer! Si du moins tu avais su nous conduire! Si tu avais choisi les bonnes occasions où il y a peu à risquer et beaucoup à prendre! Mais tu nous as fait rosser par la ligne; tu as été le bourreau de nos camarades; tu nous as mis dans la gueule du loup! Tu es donc bien pressé d'en finir et de prendre ta retraite! Il te tarde bien de nous voir tous enterrés auprès de Vasile, que tu nous livres à ce milord maudit qui a jeté un sort sur nos plus braves soldats! Mais n'espère pas te dérober à notre vengeance. Je sais pourquoi tu veux qu'il s'en aille : il a payé sa rançon. Mais que veux-tu faire de cet argent? L'emporteras-tu dans l'autre monde? Tu es bien malade, mon pauvre Hadgi-Stavros. Le milord ne t'a pas épargné, tu vas mourir aussi, et c'est bien fait! Mes amis, nous sommes nos maîtres. Nous n'obéirons plus à personne, nous ferons ce qui nous plaira, nous mangerons ce qu'il y a de meilleur, nous boirons tout le vin d'Egine, nous brûlerons des forêts entières pour faire cuire des troupeaux entiers, nous pillerons le royaume ! nous prendrons Athènes et nous camperons dans les jardins du palais ! Vous n'aurez qu'à vous laisser conduire; je connais les bons endroits. Commençons par jeter le vieux dans le ravin avec son milord bien-aimé; je vous dirai ensuite ce qu'il faut faire. »

L'éloquence de Coltzida fut bien près de nous coûter la vie, car l'auditoire applaudit. Les vieux compagnons d'Hadgi-Stavros, dix ou douze Pallicares dévoués qui auraient pu lui venir en aide, avaient mangé la desserte de sa table : ils se tordaient dans les coliques. Mais un orateur populaire ne s'élève pas au pouvoir sans faire des jaloux. Lorsqu'il parut démontré que Coltzida deviendrait le chef de la bande, Tambouris et quelques autres ambitieux firent volte-face et se rangèrent de notre parti. Capitaine pour capitaine, ils aimaient mieux celui qui savait les conduire que ce bavard outrecuidant dont la nullité leur répugnait. Ils pressentaient d'ailleurs que le Roi n'avait plus longtemps à vivre et qu'il prendrait son successeur parmi les fidèles qui resteraient autour de lui. Ce n'était pas chose indifférente. Il y avait gros à parier que les bailleurs de fonds ratifieraient plutôt le choix d'Hadgi-Stavros qu'une élection révolutionnaire. Huit ou dix voix s'élevaient en notre faveur. Notre, car nous ne faisions plus qu'un. Je me cramponnais au Roi des montagnes, et lui-même avait un bras passé autour de mon cou. Tambouris et les siens se concertèrent en quatre mots; un plan de défense fut improvisé; trois hommes profitèrent du tapage pour courir avec Dimitri à l'arsenal de la bande faire provision d'armes et de cartouches, et tracer, à travers le chemin, une longue traînée de poudre. Ils revinrent discrètement se mêler à la foule. Les deux partis se dessinaient de minute en minute; les injures volaient d'un groupe à l'autre. Nos champions, adossés à la chambre de Mary-Ann, gardaient l'escalier, nous faisaient un rempart de leur corps, et rejetaient l'ennemi dans le cabinet du Roi. Au plus fort de la poussée, un coup de pistolet retentit. Un ruban de feu courut sur la poussière et l'on entendit sauter les rochers avec un fracas épouvantable.

Coltzida et ses partisans, surpris par la détonation, coururent en bloc à l'arsenal. Tambouris ne perd pas une minute : il enlève Hadgi-Stavros, descend l'escalier en deux enjambées, le dépose en lieu sûr, revient à moi, m'emporte et me jette aux pieds du Roi. Nos amis se retranchent dans la chambre, coupent les arbres, barricadent l'escalier et organisent la défense avant que Coltzida soit revenu de sa promenade et de sa surprise.

Nous nous comptons alors. Notre armée se composait du Roi, de ses deux domestiques, de Tambouris avec huit brigands, de Dimitri et de moi : en tout, quatorze hommes, dont trois hors de combat. Le cafedgi s'était empoisonné avec son maître, et il commençait à ressentir les premières atteintes du mal. Mais nous avions deux fusils par personne et des cartouches à discrétion, tandis que les ennemis ne possédaient d'armes et de munitions que ce qu'ils portaient sur eux. Ils avaient l'avantage du nombre et du terrain. Nous ne savions pas précisément combien ils comptaient d'hommes valides, mais il fallait s'attendre à vingt-cinq ou trente assaillants. Je n'ai plus besoin de vous décrire la place assiégée : vous la connaissez depuis longtemps. Croyez cependant que l'aspect des lieux avait bien changé depuis le jour où j'y déjeunai pour la première fois, sous l'œil du Corfiote, entre Mme Simons et Mary-Ann. Nos beaux arbres avaient les racines en l'air, et le rossignol était loin. Ce qu'il vous importe de savoir, c'est que nous étions défendus à droite et à gauche par des rochers inaccessibles, même à l'ennemi. Il nous attaquait d'en haut par le cabinet du Roi, et il nous surveillait au bas du ravin. D'un côté ses feux plongeaient sur nous; de l'autre, nous plongions sur ses sentinelles, mais à si longue portée, que c'était jeter la poudre aux moineaux.

Si Coltzida et ses compagnons avaient eu la moindre notion de la guerre, c'était fait de nous. Il fallait enlever la barricade, entrer de vive force, nous acculer contre un mur ou nous culbuter dans le ravin. Mais l'imbécile, qui avait plus de deux hommes contre un, s'avisa de ménager ses munitions et de placer en tirailleurs vingt maladroits qui ne savaient pas tirer. Les nôtres n'étaient pas beaucoup plus habiles. Cependant, mieux commandés et plus sages, ils cassèrent bel et bien cinq têtes avant la tombée de la nuit. Les combattants se connaissaient tous par leurs noms. Ils s'interpellaient de loin à la façon des héros d'Homère. L'un essayait de convertir l'autre en le couchant en joue, l'autre ripostait par une balle et par un raisonnement. Le combat n'était qu'une discussion armée où de temps en temps la poudre disait son mot.

Pour moi, étendu dans un coin à l'abri des balles, j'essayais de défaire mon fatal ouvrage et de rappeler à la vie le pauvre Roi des montagnes. Il souffrait cruellement; il se plaignait d'une soif ardente et d'une vive douleur dans l'épigastre. Ses mains et ses pieds glacés se contractaient avec violence. Le pouls était rare, la respiration haletante. Son estomac semblait lutter contre un bourreau intérieur sans parvenir à l'expulser. Cependant son esprit n'avait rien perdu de sa vivacité et de sa présence; son regard vif et pénétrant cherchait à l'horizon la rade de Salamine et la prison flottante de Photini.

Il me dit, en crispant sa main autour de la mienne : « Guérissez-moi, mon cher enfant! Vous êtes docteur, vous devez me guérir. Je ne vous reproche pas ce que vous m'avez fait; vous étiez dans votre droit; vous aviez raison de me tuer, car je jure que, sans votre ami Harris, je ne vous aurais pas manqué! N'y a-t-il rien pour éteindre le feu qui me brûle? Je ne tiens pas à la vie, allez; j'ai bien assez vécu; mais, si je meurs, ils vous tueront, et ma pauvre Photini sera égorgée. Je souffre. Tâtez mes mains; il me semble qu'elles ne sont déjà plus à moi. Mais croyez-vous que cet Américain ait le cœur d'exécuter ses menaces? Qu'est-ce que vous me disiez tout à l'heure? Photini l'aime! La malheureuse! Je l'avais élevée pour devenir la femme d'un roi. J'aimerais mieux la voir morte que... Non, j'en suis bien aise, après tout, qu'elle ait de l'amour pour ce jeune homme; il aura pitié d'elle, peut-être. Qu'êtes-vous pour lui? un ami, rien de plus : vous n'êtes même pas son compatriote. On a des amis tant qu'on veut; on ne trouve pas deux femmes comme Photini. Moi, j'étranglerais bien tous mes amis si j'y trouvais mon compte; mais jamais je ne tuerais une femme qui aurait de l'amour pour moi. Si du moins il savait combien elle est riche! Les Américains sont des hommes positifs, au moins on le dit. Mais la pauvre innocente ne connaît pas sa fortune. J'aurais dû l'avertir. Maintenant, comment lui faire savoir qu'elle aura quatre millions de dot? Nous sommes prisonniers d'un Coltzida! Guérissez-moi donc, par tous les saints du paradis, que j'écrase cette vermine! »

Je ne suis pas médecin, et je sais de toxicologie le peu qu'on en apprend dans les traités élémentaires; cependant je me rappelai que l'empoisonnement par l'arsenic se guérit par une méthode qui ressemble un peu à celle du docteur Sangrado. Je chatouillai l'œsophage du malade pour délivrer son estomac du fardeau qui le torturait. Mes doigts lui servirent d'émétique, et bientôt j'eus lieu d'espérer que le poison était en grande partie expulsé. Les phénomènes de réaction se produisirent ensuite; la peau devint brûlante, le pouls accéléra sa marche, la face se colora, les yeux s'injectèrent de filets rouges. Je lui demandai si un de ses hommes serait assez adroit pour le saigner. Il se banda le bras lui-même et il s'ouvrit tranquillement une veine, au bruit de la fusillade et au milieu des balles perdues qui venaient l'éclabousser. Il jeta par terre une bonne livre de sang et me demanda d'une voix douce et tranquille ce qui lui restait à faire. Je lui ordonnai de boire, et de boire encore, et de boire toujours, jusqu'à ce que les dernières parcelles de l'arsenic fussent emportées par le torrent de la boisson. Tout justement, l'outre de vin blanc qui avait causé la mort de Vasile était encore dans la chambre. Ce vin, étendu d'eau, servit à rendre la vie au Roi. Il m'obéit comme un enfant. Je crois même que, la première fois que je lui tendis la coupe, sa pauvre vieille majesté souffrante s'empara de ma main pour la baiser.

Vers dix heures du soir il allait mieux, mais son cafedgi était mort. Le pauvre diable ne put ni se défaire du poison ni se réchauffer. On le lança dans le ravin, du haut de la cascade. Tous nos défenseurs paraissaient en bon état, sans une blessure, mais affamés comme des loups en décembre. Quant à moi, j'étais à jeun depuis vingt-quatre heures, et mon estomac criait famine. L'ennemi, pour nous braver, passa la nuit à boire et à manger sur nos têtes. Il nous lançait des os de mouton et des outres vides. Les nôtres ripostaient par quelques coups de fusil, au jugé. Nous entendions distinctement les cris de joie et les cris de mort. Coltzida était ivre; les blessés et les malades hurlaient ensemble; Moustakas ne cria pas longtemps. Le tumulte me tint éveillé toute la nuit auprès du vieux Roi. Ah! monsieur, que les nuits semblent longues à celui qui n'est pas sûr du lendemain!

La matinée du mardi fut sombre et pluvieuse. Le ciel se brouilla au lever du soleil, et une pluie grisâtre s'abattit avec impartialité sur nos amis et nos ennemis. Mais si nous étions assez éveillés pour préserver nos armes et nos cartouches, l'armée du général Coltzida n'avait pas pris les mêmes précautions. Le premier engagement fut tout à notre honneur. L'ennemi se cachait mal, et tirait d'une main avinée. La partie me parut si belle, que je pris un fusil comme les autres. Ce qui en advint, je vous l'écrirai dans quelques années, si je me fais recevoir médecin. Je vous ai déjà avoué assez de meurtres pour un homme qui n'en fait pas son état. Hadgi-Stavros voulut suivre mon exemple; mais ses mains lui refusaient le service; il avait les extrémités enflées et douloureuses, et je lui annonçai avec ma franchise ordinaire que cette incapacité de travail durerait peut-être aussi longtemps que lui.

Sur les neuf heures, l'ennemi, qui semblait fort attentif à nous répondre, nous tourna brusquement le dos. J'entendis une fusillade effrénée qui ne s'adressait pas à nous, et j'en conclus que maître Coltzida s'était laissé surprendre par derrière. Quel était l'allié inconnu qui nous servait si bien? Etait-il prudent d'opérer une jonction et de démolir nos barricades? Je ne demandais pas autre chose, mais le Roi rêvait à la troupe de ligne, et Tambouris mordait sa moustache. Tous nos doutes furent bientôt aplanis. Une voix qui ne m'était pas inconnue cria : *All right!* Trois jeunes gens armés jusqu'aux dents s'élancèrent comme des tigres, franchirent la barricade et tombèrent au milieu de nous. Harris et Lobster tenaient dans chaque main un revolver à six coups. Giacomo brandissait un fusil de munition, la crosse en l'air comme une massue : c'est ainsi qu'il entend l'emploi des armes à feu.

Le tonnerre, en tombant dans la chambre, eût produit un effet moins tragique que l'entrée de ces hommes qui distribuaient des balles à poignées et qui semblaient avoir de la mort plein les mains. Mes trois commensaux, ivres de bruit, de mouvement et de victoire, n'aperçurent ni Hadgi-Stavros ni moi; ils ne virent que des hommes à tuer, et Dieu sait s'ils allèrent vite en besogne. Nos pauvres champions, étonnés, éperdus, furent hors de combat sans avoir eu le temps de se défendre ou de se reconnaître. Moi-même, qui aurais voulu leur sauver la vie, j'eus beau crier dans mon coin; ma voix était couverte par le bruit de la poudre et par les exclamations des vainqueurs. Dimitri, tapi entre Hadgi-Stavros et moi, joignait vainement sa voix à la mienne. Harris, Lobster et Giacomo tiraient, couraient, frappaient en comptant les coups, chacun dans sa langue.

One! disait Lobster.

Two! répondait Harris.

Tre! quatro! cinque! hurlait Giacomo. Le cinquième fut Tambouris. Sa tête éclata sous le fusil comme une noix fraîche sous une pierre. La cervelle jaillit aux alentours, et le corps s'affaissa dans la fontaine comme un paquet de haillons qu'une blanchisseuse jette au bord de l'eau. Mes amis étaient beaux à voir dans leur travail épouvantable. Ils tuaient avec ivresse, ils se complaisaient dans leur justice. Le vent et la course avaient emporté leurs coiffures; leurs cheveux flottaient en arrière; leurs regards étincelaient d'un éclat si meurtrier, qu'il était difficile de discerner si la mort partait de leurs yeux ou de leurs mains. On eût dit que la Destruction s'était incarnée dans cette trinité haletante. Lorsque tout fut aplani autour d'eux et qu'ils ne virent plus d'autres ennemis que trois ou quatre blessés rampant sur le sol, ils respirèrent. Harris fut le premier qui se souvint de moi. Giacomo n'avait qu'un souci : il ne savait pas si, dans le nombre, il avait cassé la tête d'Hadgi-Stavros. Harris cria de toutes ses forces : « Hermann, où êtes-vous?

— Ici! » répondis-je; et les trois destructeurs accoururent à ma voix.

Le Roi des montagnes, tout faible qu'il était, appuya une main sur mon épaule, s'adossa au rocher, regarda fixement ces hommes qui n'avaient tué tant de monde que pour arriver jusqu'à lui, et leur dit d'une voix ferme :

« Je suis Hadgi-Stavros. »

Vous savez si mes amis attendaient depuis longtemps l'occasion de châtier le vieux Pallicare. Ils s'étaient promis sa mort comme une fête. Ils avaient à venger les filles de Mistra, mille autres victimes, et moi, et eux-mêmes. Et cependant je n'eus pas besoin de leur retenir le bras. Il y avait un tel reste de grandeur dans ce héros en ruines, que leur colère tomba d'elle-même et fit place à l'étonnement. Ils étaient jeunes tous les trois, et dans cet âge où l'on ne trouve plus ses armes devant un ennemi désarmé. Je leur appris en quelques mots comment le Roi m'avait défendu contre toute sa bande, tout mourant qu'il était, et le jour même où je l'avais empoisonné. Je leur expliquai la bataille qu'ils avaient interrompue, les barricades qu'ils venaient de franchir et cette guerre étrange où ils étaient intervenus pour tuer nos défenseurs.

« Tant pis pour eux ! dit John Harris. Nous portions, comme la justice, un bandeau sur les yeux. Si les drôles ont eu un bon mouvement avant de mourir, on leur en tiendra compte là-haut ; je ne m'y oppose pas.

— Quant aux secours dont nous vous avons privé, dit Lobster, ne vous en mettez pas en peine. Avec deux revolvers dans les mains et deux autres dans les poches, nous valons chacun vingt-quatre hommes. Nous avons tué ceux-ci ; les autres n'ont qu'à revenir ! N'est-il pas vrai, Giacomo ?

— Moi, dit le Maltais, j'assommerais une armée de taureaux : je suis en veine ! Et dire qu'on est réduit à cacheter des lettres avec ces deux poignets-là. »

Cependant l'ennemi, revenu de sa stupeur, avait recommencé le siège. Trois ou quatre brigands avaient allongé le nez par-dessus nos remparts et aperçu le carnage. Coltzida ne savait que penser de ces trois fléaux qu'il avait vus frapper aveuglément sur ses amis et ses ennemis; mais il conjectura que le fer ou le poison l'avait délivré du Roi des montagnes. Il ordonna de démolir prudemment nos ouvrages de défense. Nous étions hors de vue, abrités contre un mur, à dix pas de l'escalier. Le bruit des matériaux qui croulaient avertit mes amis de recharger leurs armes. Hadgi-Stavros les laissa faire. Il dit ensuite à John Harris :

« Où est Photini?

— A mon bord.

— Vous ne lui avez pas fait de mal?

— Est-ce que j'ai pris de vos leçons pour torturer les jeunes filles?

— Vous avez raison, je suis un misérable vieillard; pardonnez-moi. Promettez-moi de lui faire grâce !

— Que diable voulez-vous que je lui fasse? Maintenant que j'ai retrouvé Hermann, je vous la rendrai quand vous voudrez.

— Sans rançon?

— Vieille bête !

— Vous allez voir, dit le Roi, si je suis une vieille bête. »

Il passa le bras gauche autour du cou de Dimitri, il étendit sa main crispée et tremblante vers la poignée de son sabre, tira péniblement la lame hors du fourreau, et marcha vers l'escalier où les insurgés de Coltzida s'aventuraient en hésitant. Ils reculèrent à sa vue, comme si la terre se fût ouverte pour laisser passer le grand juge des enfers. Ils étaient quinze ou vingt, tous armés : aucun d'eux n'osa ni se défendre, ni s'excuser, ni fuir. Ils tremblaient sur leurs jambes devant la face terrible du Roi ressuscité. Hadgi-Stavros marcha droit à Coltzida, qui se cachait, plus pâle et plus glacé que tous les autres. Il jeta le bras en arrière par un effort impossible à mesurer, et d'un coup trancha cette tête ignoble d'épouvante. Le tremblement le reprit ensuite. Il laissa tomber son sabre le long du cadavre, et ne daigna point le ramasser.

« Marchons, dit-il, j'emporte mon fourreau. La lame n'est plus bonne à rien, ni moi non plus : j'ai fini. »

Ses anciens compagnons s'approchèrent de lui pour lui demander grâce. Quelques-uns le supplièrent de ne point les abandonner; ils ne savaient que devenir sans lui. Il ne les honora pas d'un seul mot de réponse. Il nous pria de le conduire à Castia pour prendre des chevaux, et à Salamine pour chercher Photini.

Les brigands nous laissèrent partir sans résistance. Au bout de quelques pas, mes amis s'aperçurent que je me traînais avec peine; Giacomo me soutint; Harris s'informa si j'étais blessé. Le Roi me lança un regard suppliant : pauvre homme ! Je contai à mes amis que j'avais tenté une évasion périlleuse, et que mes pieds s'en étaient mal trouvés. Nous descendîmes lentement les sentiers de la montagne. Les cris des blessés et la voix des bandits qui délibéraient sur place nous poursuivirent à un demi-quart de lieue. A mesure que nous approchions du village, le temps se remettait, les chemins séchaient sous nos pas. Le premier rayon de soleil me parut bien beau. Hadgi-Stavros prêtait peu d'attention au monde extérieur : il regardait en lui-même. C'est quelque chose de rompre avec une habitude de cinquante ans.

Aux premières maisons de Castia, nous fîmes la rencontre du moine, qui portait un essaim dans un sac. Il nous présenta ses civilités et s'excusa de n'être point venu nous voir depuis la veille. Les coups de fusil lui avaient fait peur. Le Roi le salua de la main et passa outre.

Les chevaux de mes amis les attendaient avec leur guide auprès de la fontaine. Je demandai comment ils avaient quatre chevaux. Ils m'apprirent que M. Mérinay faisait partie de l'expédition, mais qu'il était descendu de cheval pour considérer une pierre curieuse, et qu'il n'avait point reparu.

Giacomo Fondi me porta sur ma selle, toujours à bras tendu : c'était plus fort que lui. Le Roi, aidé de Dimitri, se hissa péniblement sur la sienne. Harris et son neveu sautèrent à cheval; le Maltais, Dimitri et le guide nous précédèrent à pied.

Chemin faisant, je m'approchai de Harris, et il me raconta comment la fille du Roi était tombée en son pouvoir.

« Figurez-vous, me dit-il, que j'arrivais de ma croisière, assez content de moi, et tout fier d'avoir coulé une demi-douzaine de pirates. Je mouille au Pirée le dimanche à six heures, je descends à terre, et comme il y avait huit jours que je vivais en tête-à-tête avec mon état-major, je me promettais une petite débauche de conversation. J'arrête un fiacre sur le port, et je le prends pour la soirée. Je tombe chez Christodule au milieu d'une consternation générale : je n'aurais jamais cru que tant d'ennui pût tenir dans la maison d'un pâtissier. Tout le monde était réuni pour le souper, Christodule, Maroula, Dimitri, Giacomo, William, M. Mérinay et la petite fille des dimanches, plus endimanchée que jamais; William me conta votre affaire. Si j'ai poussé de beaux cris, inutile de vous le dire. J'étais furieux contre moi de n'avoir pas été là. Le petit m'assure qu'il a fait tout ce qu'il a pu Il a battu toute la ville pour quinze mille francs, mais ses parents lui ont ouvert un crédit fort limité; bref, il n'a pas trouvé la somme. Il s'est adressé, en désespoir de cause, à M. Mérinay; mais le doux Mérinay prétend que tout son argent est prêté à des amis intimes, loin d'ici, bien loin, plus loin que le bout du monde.

« Hé! morbleu! dis-je à Lobster, c'est en monnaie de plomb qu'il faut payer le vieux scélérat. A quoi te sert-il d'être plus adroit que Nemrod, si ton talent n'est bon qu'à écorner la prison de Socrate? Il faut organiser une chasse aux Palllicares! J'ai refusé dans le temps un voyage dans l'Afrique centrale; et j'en suis encore aux regrets. C'est double plaisir de tirer un gibier qui se défend. Fais provision de poudre et de balles, et demain matin nous entrons en campagne. » William mord à l'hameçon, Giacomo donne un grand coup de poing sur la table; vous connaissez les coups de poing de Giacomo. Il jure de nous accompagner, pourvu qu'on lui procure un fusil à un coup. Mais le plus enragé de tous était M. Mérinay. Il voulait teindre ses mains dans le sang des coupables. On accepta ses services, mais j'offris de lui acheter le gibier qu'il rapporterait. Il enflait sa petite voix de la façon la plus comique, et disait, en montrant ses poings de demoiselle, qu'Hadgi-Stavros aurait affaire à lui.

« Moi, je riais de bon cœur, d'autant plus qu'on est toujours gai la veille d'une bataille. Lobster devint tout guilleret à l'idée de montrer aux brigands les progrès qu'il avait fait. Giacomo ne se tenait pas de joie; les coins de sa bouche lui entraient dans les oreilles; il cassait ses noisettes avec la figure d'un casse-noisette de Nuremberg. M. Mérinay avait des rayons autour de la tête. Ce n'était plus un homme, mais un feu d'artifice.

« Excepté nous, tous les convives avaient des mines d'une aune. La grosse pâtissière se confondait en signes de croix; Dimitri levait les yeux au ciel, le lieutenant de la phalange nous conseillait d'y regarder à deux fois avant de nous frotter au Roi des montagnes. Mais la fille au nez aplati, celle que vous avez baptisée du nom de *Crinolina invariabilis*, était plongée dans une douleur tout à fait plaisante. Elle poussait des soupirs de fendeur de bois, elle ne mangeait que par contenance, et j'aurais pu faire entrer dans mon œil gauche le souper qu'elle mit dans sa bouche.

— C'est une brave fille, Harris.
— Brave fille tant que vous voudrez, mais je trouve que votre indulgence pour elle passe les

bornes. Moi, je n'ai jamais pu lui pardonner ses robes qui se fourrent obstinément sous les pieds de ma chaise, l'odeur de patchouli qu'elle répand autour de moi, et les regards pâmés qu'elle promène autour de la table. On dirait, sur ma parole, qu'elle n'est pas capable de regarder une carafe sans lui faire les yeux doux. Mais si vous l'aimez telle qu'elle est, il n'y a rien à dire. Elle partit à neuf heures pour sa pension; je lui souhaitai un bon voyage. Dix minutes après, je serre la main de nos amis, nous prenons rendez-vous pour le lendemain, je sors, je réveille mon cocher, et devinez un peu qui je trouve dans la voiture? *Crinolina invariabilis* avec la servante du pâtissier.

« Elle appuie un doigt sur sa bouche, je monte sans rien dire, et nous partons. « Mon-
« sieur Harris, me dit-elle en assez bon anglais,
« ma foi! monsieur Harris, jurez-moi de renon-
« cer à vos projets contre le Roi des mon-
« tagnes. »

« Je me mets à rire, elle se met à pleurer. Elle jure que je me ferai tuer; je réponds que c'est moi qui tue les autres; elle s'oppose à ce qu'on tue Hadgi-Stavros, je veux savoir pourquoi, et enfin, à bout d'éloquence, elle s'écrie, comme au cinquième acte d'un drame : « C'est mon père! » Là-dessus, je commence à réfléchir sérieusement : une fois n'est pas coutume. Je songe qu'il me serait possible de récupérer un ami perdu sans en risquer deux ou trois autres, et je dis à la jeune Pallicare :

« Votre père vous aime-t-il?
« — Plus que sa vie.
« — Vous a-t-il jamais refusé quelque chose?

« — Rien de ce qu'il me faut.

« — Et si vous lui écriviez que vous avez besoin de M. Hermann Schultz, vous l'enverrait-il par retour du courrier?

« — Non.

« — Vous en êtes sûre?

« — Absolument.

« — Alors, mademoiselle, je n'ai plus qu'une chose à faire. A brigand, brigand et demi. Je vous emporte à bord de *la Fancy*, et je vous garde en otage jusqu'au retour d'Hermann.

« — J'allais vous le proposer, dit-elle. A ce prix papa vous rendra votre ami. »

J'interrompis à ce mot le récit de John Harris.

« Hé bien, lui dis-je, vous n'admirez pas la pauvre fille qui vous aime assez pour se livrer entre vos mains?

— La belle affaire! répondit-il; elle voulait sauver son honnête homme de père, et elle savait bien qu'une fois la guerre déclarée, nous ne le manquerions pas. Je lui promis de la traiter avec tous les égards qu'un galant homme doit à une femme. Elle pleura jusqu'au Pirée, je la consolai comme je pus. Elle murmurait entre ses dents : « Je suis une fille perdue! » Je lui démontrai par A plus B qu'elle se retrouverait. Je la vis descendre de voiture, je l'embarquai avec la servante dans mon grand canot, le même qui nous attend là-bas. J'écrivis au vieux brigand une lettre catégorique et je renvoyai la bonne femme à la ville avec le petit message pour Dimitri.

« Depuis ce temps, la belle éplorée jouit sans partage de mon appartement. Ordre de la traiter comme la fille d'un roi. J'ai attendu jusqu'à lundi soir la réponse de son père, puis la patience m'a manqué; je suis revenu à ma première idée; j'ai pris mes pistolets, j'ai fait signe à nos amis, et vous savez le reste. Maintenant, à votre tour! vous devez avoir tout un volume à raconter.

— Je suis à vous, lui dis-je. Il faut d'abord que j'aille glisser un mot dans l'oreille d'Hadgi-Stavros. »

Je m'approchai du Roi des montagnes, et je lui dis tout bas : « Je ne sais pourquoi je vous ai conté que Photini aimait John Harris. Il fallait que la peur m'eût tourné la tête. Je viens de causer avec lui, et je vous jure sur la tête de mon père qu'elle lui est aussi indifférente que s'il ne lui avait jamais parlé. »

Le vieillard me remercia de la main, et j'allai raconter à John mes aventures avec Mary-Ann. « Bravo! fit-il. Je trouvais que le roman n'était pas complet, faute d'un peu d'amour. En voilà beaucoup, ce qui ne gâte rien.

— Excusez-moi, lui dis-je. Il n'y a pas d'amour dans tout ceci : une bonne amitié d'un côté, un peu de reconnaissance de l'autre. Mais il ne faut rien de plus, je pense, pour faire un mariage raisonnablement assorti.

— Epousez, mon ami, et prenez-moi pour témoin de votre bonheur.

— Vous l'avez bien gagné, John Harris.

— Quand la reverrez-vous? Je donnerais beaucoup pour assister à l'entrevue.

— Je voudrais lui faire une surprise et la rencontrer comme par hasard.

— C'est une idée ! Après-demain, au bal de la cour ! Vous êtes invité, moi aussi. La lettre vous attend sur votre table, chez Christodule. D'ici là, mon garçon, il faut rester à mon bord pour vous refaire un peu. Vos cheveux sont roussis et vos pieds endommagés : nous avons le temps de remédier à tout. »

Il était six heures du soir lorsque le grand canot de *la Fancy* nous mit tous à bord. On porta le Roi des montagnes jusque sur le pont. Il ne se soutenait plus. Photini se jeta dans ses bras en pleurant. C'était beaucoup de voir que tous ceux qu'elle aimait avaient survécu à la bataille, mais elle trouva son père vieilli de vingt ans. Peut-être aussi eut-elle à souffrir de l'indifférence de Harris. Il la remit au Roi avec un sans-façon tout américain, en lui disant :

« Nous sommes quittes. Vous m'avez rendu mon ami, je vous restitue mademoiselle. Donnant, donnant. Les bons comptes font les bons amis. Et maintenant, auguste vieillard, sous quel climat béni du ciel irez-vous chercher qui vous pende ? Vous n'êtes pas homme à vous retirer des affaires !

— Excusez-moi, répondit-il avec une certaine hauteur : j'ai dit adieu au brigandage, et pour toujours. Que ferais-je dans la montagne ? Tous mes hommes sont morts, blessés ou dispersés. J'en pourrais lever d'autres ; mais ces mains qui ont fait ployer tant de têtes me refusent le service. C'est aux jeunes à prendre ma place ; mais je les défie d'égaler ma fortune et ma renommée. Que vais-je faire de ce restant de vieillesse que vous m'avez laissé ? Je n'en sais rien encore ; mais soyez sûrs que mes derniers jours seront bien remplis.

J'ai ma fille à établir, mes mémoires à dicter. Peut-être encore, si les secousses de cette semaine n'ont pas trop fatigué mon cerveau, consacrerai-je au service de l'Etat mes talents et mon expérience. Que Dieu me donne la santé de l'esprit : avant six mois je serai président du conseil des ministres. »

CHAPITRE VIII

LE BAL DE LA COUR

Le jeudi 15 mai, à six heures du soir, John Harris, en grand uniforme, me ramena chez Christodule. Le pâtissier et sa femme me firent fête, non sans pousser quelques soupir à l'adresse du Roi des montagnes. Pour moi, je les embrassai de bon cœur. J'étais heureux de vivre, et je ne voyais partout que des amis. Mes pieds étaient guéris, mes cheveux coupés, mon estomac satisfait. Dimitri m'assura que Mme Simons, sa fille et son frère étaient invités au bal de cour, et que la blanchisseuse venait de porter une robe à l'hôtel des Étrangers. Je jouissais par avance de la surprise et de la joie de Mary-Ann. Christodule m'offrit un verre de vin de Santorin. Dans ce breuvage adorable, je crus boire la liberté, la richesse et le bonheur. Je montai l'escalier de ma chambre, mais, avant d'entrer chez moi, je crus devoir frapper à la porte de M. Mérinay. Il me reçut au milieu d'une bagarre de livres et de papiers. « Cher Monsieur, me dit-il, vous voyez un homme perdu de travail. J'ai trouvé au-dessus du village de Castia une inscription antique qui m'a privé du plaisir de combattre pour vous et qui, depuis deux jours, me met à la torture. Elle est absolument inédite, je viens de m'en assurer. Personne ne l'a vue avant moi; j'aurai l'honneur de la découverte; je compte y attacher mon nom. La pierre est un petit monument de calcaire coquillier, haut de trente-cinq centimètres sur vingt-deux et planté par hasard au bord du chemin. Les caractères sont de la bonne époque et sculptés dans la perfection. Voici l'inscription, telle que je l'ai copiée sur mon carnet.

S. T. X. X. I. I.
M. D. C. C. C. L. I.

« Si je parviens à l'expliquer, ma fortune est faite. Je serai membre de l'Académie des inscriptions et belles-lettres de Pont-Audemer! Mais la tâche est longue et difficile. L'antiquité garde ses secrets avec un soin jaloux. Je crains bien d'être tombé sur un monument relatif aux mystères d'Eleusis. En ce cas, il y aurait peut-être deux interprétations à trouver, l'une vulgaire ou démotique, l'autre sacrée ou hiératique. Il faudra que vous me donniez votre avis.

— Mon avis, lui répondis-je, est celui d'un ignorant. Je pense que vous avez découvert une borne comme on en voit beaucoup le long des chemins, et que l'inscription qui vous a donné tant de peine pourrait sans nul inconvénient se traduire ainsi : « Stade, 22, 1851. » Bonsoir, cher monsieur Mérinay; je vais écrire à mon père, et endosser mon bel habit rouge. »

Ma lettre à mes parents fut une ode, un hymne, un chant de bonheur. L'ivresse de mon cœur coulait sur le papier entre les deux becs de ma plume. J'invitai la famille à mon mariage, sans oublier la bonne tante Rosenthaler. Je priai mon père de vendre au plus tôt son auberge, dût-il la donner à vil prix. J'exigeai que Frantz et Jean Nicolas quittassent le service; j'adjurai mes autres frères de changer d'état. Je prenais tout sur moi; je me chargeais de l'avenir de tous les nôtres. Sans perdre un seul moment, je cachetai la dépêche, et je la fis porter par un exprès au Pirée, à bord du *Lloyd* autrichien qui partait le vendredi matin, à six heures. « De cette façon, me disais-je, ils jouiront de mon bonheur presque aussitôt que moi. »

A neuf heures moins un quart, heure militaire, j'entrais au palais avec John Harris. Ni Lobster, ni M. Mérinay, ni Giacomo n'étaient invités. Mon tricorne avait un reflet imperceptiblement roussâtre, mais, à la clarté des bougies, ce petit défaut ne s'apercevait pas. Mon épée était trop courte de sept ou huit centimètres; mais qu'importe? le courage ne se mesure pas à la longueur de l'épée, et j'avais, sans vanité, le droit de passer pour un héros. L'habit rouge était juste, il me gênait sous les bras, et le parement des manches arrivait assez loin de mes poignets; mais la broderie faisait bien, comme papa l'avait prophétisé.

La salle de bal, décorée avec un certain goût et splendidement éclairée, se divisait en deux camps. D'un côté étaient les fauteuils réservés aux dames, derrière le trône du roi et de la reine; de l'autre étaient les chaises destinées au sexe laid. J'embrassai d'un coup d'œil avide l'espace occupé par les dames. Mary-Ann n'y était pas encore.

A neuf heures, je vis entrer le roi et la reine, précédés de la grande maîtresse, du maréchal du palais, des aides de camp, des dames d'honneur et des officiers d'ordonnance, parmi lesquels on me montra M. George Micrommatis. Le roi était magnifiquement vêtu en Pallicare, et la reine portait une toilette admirable, dont les élégances exquises ne pouvaient venir que de Paris. Le luxe des toilettes et l'éclat des costumes nationaux ne m'éblouirent pas au point de me faire oublier Mary-Ann. J'avais les yeux fixés sur la porte, et j'attendais.

Les membres du corps diplomatique et les principaux invités se rangèrent en cercle autour du roi et de la reine, qui leur distribuèrent des paroles aimables, durant une demi-heure environ. J'étais au dernier rang, avec John Harris. Un officier placé devant nous se recula si maladroitement qu'il me marcha sur le pied et m'arracha un cri. Il retourna la tête, et je reconnus le capitaine Périclès, tout fraîchemeent décoré de l'ordre du Sauveur. Il me fit ses excuses et me demanda de mes nouvelles. Je ne pus m'empêcher de lui répondre que ma santé ne le regardait pas. John Harris, qui savait mon histoire de bout en bout, dit poliment au capitaine :

« N'est-ce pas à monsieur Périclès que j'ai l'honneur de parler?

— A lui-même.

— Je suis charmé de la rencontre. Seriez-vous assez aimable pour m'accompagner un instant dans le salon de jeu? Il est encore désert, et nous y serons seuls.

— A vos ordres, monsieur. »

M. Périclès, plus pâle qu'un soldat qui sort de l'hôpital, nous suivit en souriant. Arrivé, il fit face à John Harris, et lui dit : « Monsieur, j'attends votre bon plaisir. »

Pour toute réponse, Harris lui arracha sa croix

avec le ruban neuf, et la mit dans sa poche en disant :

« Voilà, monsieur, tout ce que j'avais à vous dire.

— Monsieur, cria le capitaine en faisant un pas en arrière.

— Point de bruit, monsieur, je vous en prie. Si vous tenez à ce joujou, veuillez l'envoyer prendre chez M. John Harris, commandant de *la Fancy*, par deux de vos amis.

— Monsieur, reprit Périclès, je ne sais de quel droit vous me prenez une croix dont la valeur est de quinze francs, et que je serai forcé de remplacer à mes frais.

— Qu'à cela ne tienne, monsieur; voici un souverain à l'effigie de la reine d'Angleterre : quinze francs pour la croix, dix pour le ruban. S'il restait quelque chose, je vous prierais de le boire à ma santé.

— Monsieur, dit l'officier en empochant la pièce, je n'ai plus qu'à vous remercier. » Il nous salua sans ajouter un mot, mais ses yeux ne promettaient rien de bon.

« Mon cher Hermann, me dit Harris, vous ferez prudemment de quitter ce pays le plus tôt possible avec votre future. Ce gendarme m'a l'air d'un brigand fini. Quand à moi, je resterai huit jours, pour lui laisser le temps de me rendre la monnaie de ma pièce; après quoi, je suivrai l'ordre qui m'envoie dans les mers du Japon.

— Je suis bien fâché, lui répondis-je, que votre vivacité vous ait emporté si loin. Je ne voulais pas sortir de Grèce sans un exemplaire ou deux de la *Boryana variabilis*. J'en avais un incomplet, sans les racines, et je l'ai oublié là-haut avec ma boîte de fer-blanc.

— Laissez un dessin de votre plante à Lobster ou à Giacomo. Ils feront un pèlerinage à votre intention dans la montagne. Mais, pour Dieu! hâtez-vous de mettre votre bonheur en sûreté! »

En attendant, mon bonheur n'arrivait pas au bal, et je me tuais les yeux à dévisager toutes les danseuses. Vers minuit, je perdis l'espérance. Je sortis du grand salon, et je me plantai mélancoliquement devant une table de whist, où quatre joueurs habiles faisaient courir les cartes avec une dextérité admirable. Je commençais à m'intéresser à ce jeu d'adresse, lorsqu'un éclat de rire argentin me fit bondir le cœur. Mary-Ann était là derrière moi. Je ne la voyais pas, et je n'osais me retourner vers elle, mais je la sentais présente, et la joie me serrait la gorge à m'étouffer. Ce qui causait son hilarité, je ne l'ai jamais su. Peut-être quelque costume ridicule : on en rencontre en tout pays dans les bals officiels. L'idée me vint que j'avais une glace devant moi. Je levai les yeux, et je la vis, sans être vu, entre sa mère et son oncle, plus belle et plus radieuse que le jour où elle m'était apparue pour la première fois. Un triple collier de perles caressantes ondulait mollement autour de son cou et suivait le doux contour de ses épaules divines. Ses beaux yeux scintillaient au feu des bougies, ses dents riaient avec une grâce inexprimable, la lumière jouait comme une folle dans la forêt de ses cheveux. Sa toilette était celle de toutes les jeunes filles; elle ne portait pas, comme Mme Simons, un oiseau de paradis sur la tête, mais elle n'en était que plus belle; sa jupe était relevée par quelques bouquets de fleurs naturelles; elle avait des fleurs au corsage et dans les cheveux, et quelles fleurs, monsieur? Je vous le donne en mille. Moi, je pensai mourir de joie en reconnaissant sur elle la *Boryana variabilis*. Tout me tombait du ciel en même temps. Y a-t-il rien de plus doux que d'herboriser dans les cheveux de celle qu'on aime? J'étais le plus heureux des hommes et des naturalistes! L'excès du bonheur m'entraîna par-dessus toutes les bornes des convenances. Je me retournai brusquement vers elle, je lui tendis les mains, je criai : « Mary-Ann! c'est moi! »

Le croyez-vous, monsieur? elle recula comme épouvantée, au lieu de tomber dans mes bras. Mme Simons leva si haut la tête, qu'il me sembla que son oiseau de paradis s'envolait au plafond. Le vieux monsieur me prit par la main, me conduisit à l'écart, m'examina comme une bête curieuse et me dit : « Monsieur, êtes-vous présenté à ces dames?

— Il s'agit bien de tout cela, mon digne monsieur Sharper! mon cher oncle! Je suis Hermann! Hermann Schultz! leur compagnon de captivité! leur sauveur! Ah! j'en ai vu de belles, allez! depuis leur départ. Je vous conterai tout cela chez nous.

— *Yes, yes,* répondit-il. Mais la coutume anglaise, monsieur, exige absolument qu'on soit présenté aux dames avant de leur raconter des histoires.

— Mais puisqu'elles me connaissent, mon bon et excellent monsieur Sharper! nous avons dîné plus de dix fois ensemble! Je leur ai rendu un service de cent mille francs! vous le savez bien? chez le Roi des montagnes?

— *Yes, yes;* mais vous n'êtes pas présenté.

— Mais vous ne savez donc pas que je me suis exposé à mille morts pour ma chère Mary-Ann?

— Fort bien; mais vous n'êtes pas présenté

— Enfin, monsieur, je dois l'épouser, sa mère l'a permis. Ne vous a-t-on pas dit que je devais me marier avec elle?

— Pas avant d'être présenté.

— Présentez-moi donc vous-même!

— *Yes, yes;* mais il faut d'abord vous faire présenter à moi.

— Attendez! »

Je courus comme un fou à travers le bal, je heurtai plus de six groupes de valseurs; mon épée s'embarrassa dans mes jambes, je glissai sur le parquet et je tombai scandaleusement de toute ma longueur. Ce fut John Harris qui me releva.

« Que cherchez-vous? dit-il.

— Elles sont ici, je les ai vues : je vais épouser Mary-Ann; mais il faut d'abord que je leur sois présenté. C'est la mode anglaise. Aidez-moi! Où sont-elles? N'avez-vous pas vu une grande femme coiffée d'un oiseau de paradis?

— Oui, elle vient de quitter le bal avec une bien jolie fille.

— Quitter le bal! mais, mon ami, c'est la mère de Mary-Ann!

— Calmez-vous, nous la retrouverons. Je vous ferai présenter par le ministre d'Amérique.

— C'est cela. Je vais vous montrer mon oncle Edward Sharper. Je l'ai laissé ici. Où diable s'est-il sauvé? Il ne saurait être loin! »

L'oncle Edward avait disparu. J'entraînai le pauvre Harris jusque sur la place du palais, devant l'hôtel des Étrangers. L'appartement de

Mme Simons était éclairé. Au bout de quelques minutes, les lumières s'éteignirent. Tout le monde était au lit.

« Faisons comme eux, dit Harris. Le sommeil vous calmera. Demain, entre une heure et deux, j'arrangerai vos affaires. »

Je passai une nuit pire que les nuits de ma captivité. Harris dormit avec moi, c'est-à-dire ne dormit pas. Nous entendions les voitures du bal qui descendaient la rue d'Hermès avec leurs cargaisons d'uniformes et de toilettes. Sur les cinq heures, la fatigue me ferma les yeux. Trois heures après, Dimitri entra dans ma chambre en disant : « Grandes nouvelles ! »

— Quoi ?
— Vos Anglaises viennent de partir.
— Pour où ?
— Pour Trieste.
— Malheureux ! en es-tu bien sûr ?
— C'est moi qui les ai conduites au bateau.
— Mon pauvre ami, dit Harris en me serrant les mains, la reconnaissance s'impose, mais l'amour ne se commande pas.
— Hélas ! » fit Dimitri. Il y avait de l'écho dans le cœur de ce garçon.

Depuis ce jour, monsieur, j'ai vécu comme les bêtes, buvant, mangeant et humant l'air. J'ai expédié mes collections à Hambourg sans une seule fleur de *Boryana variabilis*. Mes amis m'ont conduit au bateau français le lendemain du bal. Ils ont trouvé prudent de faire le voyage pendant la nuit, de peur de rencontrer les soldats de M. Périclès. Nous sommes arrivés sans encombre au Pirée ; mais à vingt-cinq brasses du rivage, une demi-douzaine de fusils invisibles ont chanté tout près de nos oreilles. C'était l'adieu du joli capitaine et de son beau pays.

J'ai parcouru les montagnes de Malte, de la Sicile et de l'Italie, et mon herbier s'est enrichi plus que moi. Mon père, qui avait eu le bon esprit de garder son auberge, m'a fait savoir, à Messine, que mes envois étaient appréciés là-bas. Peut-être trouverai-je une place en arrivant; mais je me suis fait une loi de ne plus compter sur rien.

Harris est en route pour le Japon. Dans un an ou deux, j'espère avoir de ses nouvelles. Le petit Lobster m'a écrit à Rome, il s'exerce toujours à tirer le pistolet. Giacomo continue à cacheter des lettres le jour et à casser des noisettes le soir. M Mérinay a trouvé pour sa pierre une nouvelle interprétation, bien plus ingénieuse que la mienne. Son grand travail sur Démosthène doit s'imprimer un jour ou l'autre. Le Roi des montagnes a fait sa paix avec l'autorité. Il construit une grande maison sur la route du Pentélique, avec un corps de garde pour loger vingt-cinq Pallicares dévoués. En attendant, il a loué un petit hôtel dans la ville moderne, au bord du grand ruisseau. Il reçoit beaucoup de monde et se démène activement pour arriver au ministère de la justice; mais il faudra du temps. C'est Photini qui tient sa maison. Dimitri va quelquefois souper et soupirer à la cuisine.

Je n'ai plus entendu parler de Mme Simons, ni de M. Sharper, ni de Mary-Ann. Si ce silence continue, je n'y penserai bientôt plus. Quelquefois encore, au milieu de la nuit, je rêve que je suis devant elle et que ma longue figure maigre se reflète dans ses yeux. Alors je m'éveille, je pleure à chaudes larmes et je mords furieusement mon oreiller. Ce que je regrette, croyez-le bien, ce n'est pas la femme, c'est la fortune et la position qui m'ont échappé. Bien m'en a pris de ne pas livrer mon cœur, et je rends tous les jours des actions de grâces à ma froideur naturelle. Que je serais à plaindre, mon cher monsieur, si par malheur j'étais tombé amoureux !

CHAPITRE IX
LETTRE D'ATHENES

Le jour même où j'allais livrer à l'impression le récit de M. Hermann Schultz, mon honorable correspondant d'Athènes me renvoya le manuscrit avec la lettre suivante :

« Monsieur,

« L'histoire du Roi des montagnes est l'invention d'un ennemi de la vérité et de la gendarmerie. Aucun des personnages qui y sont cités n'a mis le pied sur le sol de la Grèce. La police n'a point visé de passeport au nom de Mme Simons. Le commandant du Pirée n'a jamais entendu parler de *la Fancy* ni de M. John Harris. Les frères Philip ne se souviennent pas d'avoir employé M. William Lobster. Aucun agent diplomatique n'a connu dans ses bureaux un Maltais du nom de Giacomo Fondi. La Banque nationale de Grèce a bien des choses à se reprocher, mais elle n'a jamais eu en dépôt les fonds provenant du brigandage. Si elle les avait reçus, elle se serait fait un devoir de les confisquer à son profit. Je tiens à votre disposition la liste de nos officiers de gendarmerie. Vous n'y trouverez aucune trace de M. Périclès. Je ne connais que deux hommes de ce nom : l'un est cabaretier dans la ville d'Athènes, l'autre vend des épices à Tripolitza. Quant au fameux Hadgi-Stavros, dont j'entends aujourd'hui le nom pour la première fois, c'est un être fabuleux qu'il faut reléguer dans la mythologie. Je confesse en toute sincérité qu'il y eut autrefois quelques brigands dans le royaume. Les principaux ont été détruits par Hercule et par Thésée, qui peuvent être considérés comme les fondateurs de la gendarmerie grecque. Ceux qui ont échappé au bras de ces deux héros sont tombés sous les coups de notre invincible armée. L'auteur du roman que vous m'avez fait l'honneur de m'envoyer a prouvé autant d'ignorance que de mauvaise foi, en affectant de considérer le brigandage comme un fait contemporain. Je donnerais beaucoup pour que son récit fût imprimé, soit en France, soit en Angleterre, avec le nom et le portrait de M. Schultz. Le monde saurait enfin par quels grossiers artifices on essaye de nous rendre suspects à toutes les nations civilisées.

« Quant à vous, monsieur, qui nous avez toujours rendu justice, agréez l'assurance de tous les bons sentiments avec lesquels j'ai l'honneur d'être

« Votre très reconnaissant serviteur,
« Patriotis Pseftis,
« Auteur d'un volume de dithyrambes sur la régénération de la Grèce; rédacteur du journal *l'Espérance:* membre de la Société archéologique d'Athènes, membre correspondant de l'Académie des îles Ioniennes, actionnaire de la Compagnie nationale du Spartiate Pavlos. »

CHAPITRE X
OU L'AUTEUR REPREND LA PAROLE

Athénien, mon bel ami, les histoires les plus vraies ne sont pas celles qui sont arrivées.

TABLE DES MATIÈRES

PAGE

CHAPITRE I.	— M. HERMANN SCHULTZ..................	
CHAPITRE II.	— PHOTINI............................	
CHAPITRE III.	— MARY-ANN.........................	3.
CHAPITRE IV.	— HADGI-STAVROS.....................	5(
CHAPITRE V.	— LES GENDARMES....................	11(
CHAPITRE VI.	— L'ÉVASION........................	15'
CHAPITRE VII.	— JOHN HARRIS......................	19'
CHAPITRE VIII.	— LE BAL DE LA COUR................	23.
CHAPITRE IX.	— LETTRE D'ATHÈNES.................	24,
CHAPITRE X.	— OU L'AUTEUR REPREND LA PAROLE...	24(

83-4-25. — Imprimerie HACHETTE, rue Stanislas. — Paris. M.

www.ingramcontent.com/pod-product-compliance
Lightning Source LLC
Chambersburg PA
CBHW070642170426
43200CB00010B/2102